EL
SUPERHUMANO

El Superhumano
Descubre el misterio de la grandeza interior para ser tu mejor versión

Edición: Henry Tejada Portales

ISBN: 979-8-88769-314-9
eBook ISBN: 979-8-88769-315-6

Impreso en los Estados Unidos de América
© 2024 por Carlos Villacrés
Whitaker House
1030 Hunt Valley Circle
New Kensington, PA 15068
www.espanolwh.com

EL SUPERHUMANO

*Descubre el misterio de la grandeza
interior para ser tu mejor versión*

CARLOS VILLACRÉS

CONTENIDO

Dedicatoria

¡Siempre dedicaré mis logros primeramente a Dios! Poner en letras estas enseñanzas se volvió un desafío que termina como un gran logro, y lo pongo a los pies de mi maestro, mi eterna inspiración: Jesús. Sin ti, sería un simple humano, ¡contigo soy un Superhumano!

Quiero dedicar también este libro a mi hijo Carlos David. Dios sabe cómo te soñé desde mi juventud, te esperé y llegaste a completar la familia como un regalo de Dios. ¡Desde el día que naciste y te sostuve en mis brazos entendí tan claro el llamado que Dios tiene para tu vida! Y para que esos propósitos se cumplan, necesitarás descubrir la grandeza que Dios depositó en ti.

Cuando hoy te veo jugar con todos tus superhéroes, cuyos poderes y lo que son capaces de hacer conoces muy bien, pienso en ese día donde descubrirás no solo tus talentos —que, por cierto, tienes muchos—, sino ese toque divino, esa gracia del cielo que Dios puso en ti.

Este libro es tuyo, para que cuando ese día llegue lo leas y seas desafiado a escribir tu propia historia, la que Dios diseñó antes de darte la vida, de manera que se vuelvan grandes y poderosas historias de fe, de otro Carlos Villacrés, un nuevo Superhumano.

Introducción

Todos crecimos rodeados de historias de nuestros superhéroes favoritos que despertaron en nosotros el deseo de ser fuertes y poderosos como ellos. ¿Qué me dirías si te digo que sí es posible? Sí... es posible tener tus propias historias con logros sorprendentes, llenas de fuerza y valentía, con aventuras que trasciendan tus generaciones. ¿Qué me dirías si te digo que sí es posible que siendo un humano te vuelvas un superhéroe?

He tenido la gran dicha de gozar de un abuelo que tiene una extraordinaria historia. Se escribió desde muy niño, la empezó lustrando con betún los zapatos de las personas en la calle, y se convirtió en un hombre que a sus 50 años pudo dejar de trabajar y disfrutar la vida junto a mi abuela.

Fue con él con quien desarrollé la costumbre de sentarme en la oficina de su casa cada cierto tiempo a platicar sobre mis proyectos de vida, cómo iban avanzando y qué estaba sucediendo alrededor de ellos. Él, impresionado por los milagros que me sucedían, me solía decir: "Tú eres un tarrito de leche". En el léxico de mi país, *leche* significa *suerte*. El me lo decía de cariño, pero verdaderamente asombrado por esas cosas extraordinarias que sucedían en mis historias, donde no se trataba de mi esfuerzo o mi talento sino, decía el, de la "suerte" que tuve en la vida.

Podrías vivir toda tu vida contando historias que se dieron gracias a tu fuerza, tus dones y tus talentos, ¡pero eso siempre serán historias de humanos! O podrías convertir tus historias en un conjunto de tus habilidades que, sumado a un toque divino, te conviertan en un Superhumano, es decir en "un tarrito de leche".

Una vida extraordinaria no se da por golpes de suerte, es la constante construcción del ser humano donde se encuentra con ese toque divino y así logra descubrir el misterio de la grandeza interior que lo lleva a sobresalir, sobrepasar y a encontrar su mejor versión. Acompáñame a descubrir lo que llevas dentro, lo que Dios sembró en ti, y cómo en la suma de ellos encontrarás el camino para forjar tus propias historias de fuerza, valentía y poder. Aquellas que te llevarán a trascender y que serán las que te identificarán como un Superhumano.

CAPÍTULO 1

¡Todo empieza por la fe!

Apunta al infinito. Aunque falles,
aterrizarás entre las estrellas.
—LES BROWN

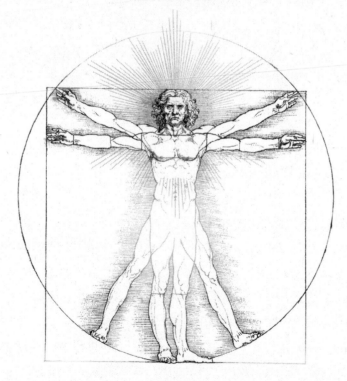

¡Qué importante es tener una visión clara en la vida! Nos marcará el destino hacia donde vamos y, por ende, nos ayudará a definir la ruta que nos trazamos. Pero es importante entender que la visión nace desde una razón del corazón. Y es ahí donde nuestras creencias se vuelven el motor de nuestro interior; entonces, la fe se convierte en el mejor tintero para lograr escribir nuestra visión. ¡Todo empieza por la fe!

Lo que llevamos por dentro, al final termina como una huella que dejamos en el camino. La fe se transcribe y se convierte en palabras, y el conjunto de palabras forman la visión. Sin embargo, es importante saber que esta última siempre se ejecuta desde el corazón. ¿Cómo está hoy tu corazón?

Sobre toda cosa guardada, guarda tu corazón; porque de él mana la vida. (Proverbios 4:23)

¿Qué estas guardando hoy? Es decir, ¿a qué le estás dando importancia? ¿Guardas la compostura?, ¿guardas dinero?, ¿guardas recuerdos?, ¿guardas cierta ropa?, ¿guardas las apariencias? Por sobre todo, lo que puedas guardar, lo más importante, siempre será guardar el corazón. La pregunta hoy sería: ¿guardas tu corazón? o,

¿estás permitiendo que cualquier pensamiento o emoción controlen tu interior y entonces así rompan tu visión?

En una ocasión había dos ciegos que escucharon hablar de Jesús. Al saber que Él estaba pasando cerca de ellos, alzaron sus voces diciendo: "Ten misericordia de nosotros", deseando así recuperar la visión. Cuando Jesús llegó a su encuentro, les preguntó: "¿Creen que puedo sanarlos?". Fíjate en la pregunta que les hizo Jesús. Para recuperar la visión era necesario primero creer: *¿Creen que lo puedo hacer?*

La vida del ser humano empieza a ser diferente cuando tiene un encuentro con lo divino. En este libro no te voy a hablar de una religión, sino de una relación con aquel que tiene la solución a nuestras vidas. Aquel que con su toque trae lo "súper" que hace del humano un ser extraordinario. Y para esto no necesitas tener primeramente visión o entendimiento sino fe en tu corazón.

Recuerdo que en una ocasión estábamos volando a Chile mi hermano menor y yo, íbamos camino a Valle Nevado a encontrarnos con unos amigos para esquiar. Tenía mucha emoción, ya que era mi segunda temporada en este deporte. Recuerdo que el plan inicial era viajar con un amigo, quien amablemente me había invitado a este viaje; pero al final tuvo algunos contratiempos y le cedió el puesto a mi hermano, quien por primera vez iba a esquiar. Cuando llegamos hasta nuestro punto de encuentro, la mayoría del grupo había cancelado su asistencia y solo nos encontramos Juan Emilio (mi hermano), Helvio y Marce, nuestros instructores de esquí, mi gran amigo Marcos (quien me inició en este deporte), y este servidor. Siendo un grupo pequeño, todo pintaba como un viaje inolvidable, de mucho aprendizaje y diversión, ya que tendríamos toda la atención de nuestros instructores. Y así fue.

Una mañana, cuando ya estábamos sobre nuestros esquís en la parte alta de la montaña, en cuestión de segundos el clima cambió radicalmente. De haber amanecido con un gran sol, nos encontramos con una neblina tan densa que no se lograba ver a más un metro de distancia, y con unos vientos tan fuertes que apagaron el sistema de telesillas, así que la única forma de bajar era esquiando. ¡Recuerda que era mi segunda temporada y la primera vez de mi hermano! ¡No veíamos literalmente nada! Debíamos descender la montaña sin visión, solo confiando en la dirección y guía de nuestro instructor.

Bajamos por una pista angosta, que a un costado tenía un precipicio; yo solo pensaba en no salirme de la pista y en devolverle a mi mamá su hijo mejor completo. No podíamos ver nada, solo debíamos confiar en que el instructor sabía por dónde bajarnos. Exactamente así nos toca en la vida diaria: tienes que enfrentar y conquistar montañas, temporadas y adversidades que nunca imaginaste vivir, donde no logras tener control ni visión de las cosas. La única forma de salir adelante es confiar en el Instructor de la vida, que te guíe por donde Él sabe que es seguro andar. Esa confianza se llama fe. Fe en aquel que conoce muy bien tus capacidades y que te guiará a paso seguro para que logres descubrir qué tan lejos puedes llegar y en lo que te puedes convertir.

¡Si lo crees, lo podrás ver! ¡Y si no lo crees, solo será una noble ilusión!

Ese día, al llegar a la base de la montaña, tuvimos un gran aprendizaje sobre el esquí y sobre nuestra vida. No es por vista, es por fe. Así como el esquí responde a todo tipo de terreno sin importar la claridad de tu visión, la fe responderá a toda temporada de tu vida sin importar cuánto veas o entiendas lo que sucede en el camino. Recuerda: ¡todo empieza por la fe!

Probablemente has estado tratando de recuperar tu visión, volver al camino o trazar tu destino, y te sientes agotado y frustrado porque lo has peleado en tus fuerzas y a tu manera y no lo has podido conseguir. No es casualidad que hoy estés con este libro en tus manos, hoy tienes la oportunidad en tu corazón de volver a creer.

Volviendo a la historia de aquellos dos amigos que tienen el encuentro con Jesús, quien les acaba de preguntar: "¿Creen que los puedo sanar?". Ellos le respondieron así: "Sí, Señor, lo creemos", e inmediatamente Jesús tocó sus ojos y les dijo: "Conforme a vuestra fe os sea hecho". Y los ojos de ellos fueron abiertos.

Ellos no tenían visión, pero sí tenían fe.

La fe de ellos estaba cimentada en el poder sobrenatural de Jesús. Ellos habían oído que Jesús sanó a otros enfermos, por eso su corazón se llenó de fe creyendo que podrían recibir también su milagro.

SI ESCOGES TENER FE, RESUCITA LA ESPERANZA

Si hoy escoges tener fe y darte la oportunidad de creer desde tu corazón, tu visión será devuelta y tus ojos serán abiertos. Es aquí donde la transformación del humano empieza, donde lo humano se funde con lo divino y nace el Superhumano.

Probablemente hoy sea humanamente imposible que recuperes la visión. Tal vez has perdido la esperanza de ese milagro que tanto has anhelado. Quizás ya no te ves más con esa persona a tu lado, o ya no te miras más en aquel lugar donde soñaste estar; pero si hoy le das la oportunidad a que un toque divino envuelva tu corazón, empezarás a experimentar que eres más grande que esa ceguera, y más grande que esa adversidad. Recuerda: ¡conforme a tu fe será hecho!

Un Superhumano se forma primero por su fe. Cree en lo imposible, cree que Dios lo puede hacer, cree en lo inexplicable, en lo que otros no creerían, el Superhumano cree por encima de las circunstancias naturales que le gritan "¡ya no hay esperanza!".

Sin embargo, cuando empiezas a confiar, es decir, a tener fe, lo primero que resucita es la esperanza. La palabra "esperanza" significa "esperar con anhelo, con placer, expectativa, confianza". No es solo esperar a que suceda algo, se trata de la actitud en la espera, ¡eso es lo que cambia! Ya no esperamos sumergidos en la tristeza, la duda o llenos de amargura, sino que la esperanza nos ayuda a tener expectativa de lo que vendrá, y eso levanta nuestro ánimo. Esperanza significa "esperar con placer", eso le da un sentido completamente distinto a la vida. Ya no solo vives para el día en que llegue tu milagro, sino que mientras llega, vives bien, con ánimo, y tu espera se vuelve placentera. Es como cuando un padre le ofrece a su hijo ir a tomar un helado al final del día. Durante todo el día el hijo está emocionado, expectante y saboreando el helado que todavía no tiene, pero disfruta esa espera.

Que Dios, quien da esperanza, los llene de toda alegría y paz a ustedes que tienen fe en él. Así tendrán tanta esperanza que llegará a otros por el poder del Espíritu Santo. (Romanos 15:13, PDT)

Seguro has escuchado el dicho "la esperanza es lo último que se pierde". Eso tiene mucho sentido, porque sin esperanza es muy difícil continuar creyendo en que algo puede pasar. Si lees con atención el versículo, claramente nos enseña que Dios es proveedor de esperanza. Entonces, si Dios mismo nos la quiere dar, definitivamente debe ser importante tenerla, ¡y deberá ser lo último que debemos perder! Si sientes que la has perdido, hoy es un buen día para recuperarla.

¡Desarrolla tu fe! ¡Resucita la esperanza! Cuando hables del futuro, refiérete a él de modo prometedor, ya que tus palabras encadenan o liberan la esperanza. La gran herramienta para resucitar la esperanza es la fe. Fe es obediencia, sacrificio y, sobre todo, hacerle frente a la prueba.

¿Recuerdas el tiempo de pandemia? Yo nunca lo voy a olvidar. Cuando empezó el encierro tuvimos que enfrentar el gran desafío de llevar la iglesia únicamente en línea. Hasta esa fecha nunca habíamos hecho ninguna transmisión virtual. Recuerdo que nos reunimos el fin de semana antes del encierro total y logré grabar prédicas para cinco semanas en un solo día, fue una locura.

La mayoría tuvimos que reinventarnos en ese tiempo para sostener nuestras actividades y nuestras familias. En mi caso, yo tenía la responsabilidad no solo de mi familia, sino de 50 familias más que eran parte de nuestro equipo en la organización. Recuerdo que el primer fin de semana en que transmitimos la reunión en línea los ingresos se redujeron a un 20 %. Era entendible, todo era nuevo, no había una costumbre digital en la iglesia. Pero no puedo negarles lo que se me vino a la mente: ¿cómo iba a enfrentar económicamente un tiempo así? Pronto los ahorros no iban a alcanzar, ¿qué le diría a todo nuestro equipo extraordinario de colaboradores?

UNA ESPERA CON ALEGRÍA

Recuerdo que lo primero que hice fue encerrarme en mi cuarto y poner toda esta situación delante de Dios. Mi oración fue: *¿Dios, qué voy a hacer? ¡Por favor, dame una guía!* Y la respuesta de Dios a mi corazón fue: *Te quiero ver contento.*

Probablemente estás sintiendo lo mismo que yo sentí en ese momento al recibir esa respuesta... ¿qué tiene que ver estar contento con la pregunta que le hice a Dios? Yo no necesitaba alegría, necesitaba una respuesta "más profunda". Quería oír una voz celestial que me dijera: *Tranquilo, así como yo sostuve con maná del cielo a mi pueblo en el desierto, yo estaré contigo y con tu gente, y nada les faltará.* Eso hubiera sido ideal, pero... ¿tener alegría?

Con el pasar de los días, entendí que el Señor estaba interesado en mi actitud frente a la espera de mi milagro. Si yo estaba envuelto de afán, dudas y ansiedad, sería imposible recibir ese milagro. Para Dios no es difícil hacer un milagro en tu salud, en tus finanzas o en tu hogar. Él tiene el poder para hacerlo, pero primero está interesado en conocer nuestra esperanza mientras pacientemente estamos aguardando el milagro.

Entendí que mi alegría mandaría un mensaje correcto al cielo. No fue fácil, pero se volvió un gran aprendizaje. En medio de negativas, carencias y enfermedades, aprendí a mantener mi esperanza viva. Recuerdo que ese fin de semana que grabamos las cinco reuniones antes del encierro, un miembro del equipo ya tenía COVID y contagió a Carla, mi esposa. Las primeras semanas en nuestra ciudad fueron muy duras, con mucha gente enferma y cientos de personas muriendo a diario. Recuerdo que a los pocos días, Carla me contagió, y en medio de los síntomas que teníamos, nos levantábamos para hacer las transmisiones en vivo en nuestras redes sociales, para dar palabra de fe y esperanza en medio de tanto caos. Solo era cuestión de terminar la transmisión y regresábamos

> *En medio de negativas, carencias y enfermedades, aprendí a mantener mi esperanza viva.*

a tumbarnos a la cama por el agotamiento físico. Les hablamos de salud y esperanza a la gente en medio de nuestro padecimiento con el COVID.

No voy a olvidar las llamadas que recibí de personas que me decían, "ayúdeme, tengo a mi familiar muerto en casa por siete días y no sé qué hacer con él, nadie viene por el cuerpo". A los pocos días me pidieron de la alcaldía realizar velorios masivos que serían transmitidos por televisión y radio, para dar esperanza a cientos de familias que no volvieron a ver a sus seres queridos después de dejarlos en el hospital, u otros quienes dejaron los cuerpos de sus familiares en la vereda de sus casas ya que adentro era imposible mantenerlos.

Todos ellos necesitaban una palabra de consuelo y esperanza. Y todo esto ocurría sin saber nosotros que en los próximos días mi abuelo de más de 85 años enfermaría también de COVID. Lo tratamos de mantener en casa el mayor tiempo posible, pero debido a su poco nivel de oxigenación lo tuvimos que trasladar a un hospital donde la mayoría entraba a morir. Los hospitales no se daban abasto.

Tengo presente en mi memoria la imagen de las afueras del hospital, con muchas personas junto a sus enfermos esperando que los puedan atender, mientras llegaban muchos más en ambulancias y carros particulares. En medio de toda esta escena tenía presente las palabras que Dios me había hablado al principio de la pandemia: *Te quiero contento*. Parecería que no tenían mucho sentido. ¿Cómo estar contento en medio del dolor y ante una amenaza de muerte? Pero aprendí que la esperanza es confiar que Dios está por intervenir sobrenaturalmente. Aprendí que una espera con expectativa es una esperanza viva que produce una fe genuina, la cual provoca grandes milagros.

Si me preguntas qué pasó con mi abuelo, déjame contarte. El 2024 se le cumplió un sueño que tuvo hace 15 años atrás: estar presente en los 15 años de su bisnieta Naomi, mi segunda hija. Él fue el primero en bailar con la quinceañera la noche de su cumpleaños. Este año llega a los 90 y sigue siendo un pilar de fuerza y amor en la familia.

¿Y Casa de Fe? En la iglesia seguimos adelante compartiendo la Palabra de Dios. De haber tenido un solo campus hasta la pandemia, estamos por inaugurar el cuarto campus en mi país. ¿Y del tiempo en la televisión? Aprendí a tener esperanza para dar esperanza, y lo aprendí en los momentos más difíciles, entre la muerte y la enfermedad. De compartir velorios masivos en la televisión, hoy estoy en un segmento en el programa de mayor audiencia en su categoría a nivel nacional. ¡Tengo el privilegio de llegar a cientos de miles de personas donde les puedo hablar de fe y esperanza! Ahora las palabras "te quiero contento" tienen mucho más sentido en mi vida.

No sé qué pandemia puedas estar atravesando, pero este es el tiempo de resucitar la esperanza. Y mientras llegue tu oportunidad, tu milagro, ¡no dejes de esperar con alegría y expectativa por lo que vendrá! Aquí no encontrarás un escritor amargado, sumergido en dudas y frustraciones, sino uno que tiene las expectativas muy altas en lo que Dios hará contigo mientras te sumerges en este libro. Reconocer la importancia de vivir por la fe y recuperar hoy tu esperanza con alegría y expectativa empiezan a volverte un Superhumano. ¡Vamos, tú puedes!

DE LA ABUNDANCIA DEL CORAZÓN HABLA LA BOCA

Estas palabras están llenas de sabiduría, las encontramos en las Escrituras. Lo que lleves por dentro es lo que impulsará tus labios para hablar, por eso es tan importante revisar en qué estamos creyendo. Por un momento detente a escuchar tus palabras, tus conversaciones, y sabrás lo que llevas en tu corazón. Hay quienes tienen un lenguaje lleno de imposibilidades, a todo le encuentran un pero, todo lo ven difícil de lograr; están llenos de palabras que descalifican y tienen un alto sentido de pesimismo. Esto solo revela un corazón falto de fe. Es aquí cuando usamos un lenguaje descriptivo. Un corazón sin fe solo describe lo que sus ojos ven, una realidad.

Te comparto ejemplos de los momentos en que utilizamos un leguaje descriptivo: ante la difícil situación económica que vivimos en nuestros países, es común escuchar a la gente decir frases como "aquí no se puede trabajar", "no hay cómo salir adelante", "debemos migrar a otro lugar". O ante la inseguridad social que se vive, podemos hablar constantemente de lo complicado y peligroso que es salir a la calle. Si miramos al ámbito relacional, en nuestro matrimonio podríamos estar usando frases como "ya no nos amamos, no nos entendemos, solo queda la separación". O respecto de tus hijos, podrías estar diciendo lo malcriados que son y lo mal que se comportan.

Al decirles que no son capaces de lograr nada y usar calificativos que restan en su vida, traes una realidad negativa sobre ellos.

Te quiero presentar un mejor lenguaje, ¡una nueva forma de hablar donde se genera una oportunidad! Este es el lenguaje generativo. Cuando a la razón del corazón la alimentamos con fe, nuestro lenguaje cambia. Es aquí cuando ya no describimos una situación, sino que generamos futuro.

Te propongo un lenguaje generativo para las situaciones económicas y de inseguridad que atravesamos; un lenguaje que cree en un mejor mañana, donde aún hay esperanza:

- Si todos nos esforzamos, seguro salimos adelante.
- Dios está con nosotros y tiene planes de bien para mi nación.
- Busquemos en qué emprender y trabajemos duro para dejarle mejores días a nuestros hijos.
- De la mano de Dios podemos prosperar donde Él nos ha puesto.

En el ámbito relacional, ante a tu matrimonio que pareciera estar perdido podrías usar frases como...

- Si buscamos ayuda seguramente superaremos esta crisis.
- No nos demos por vencidos, aún hay amor entre nosotros.

En cuanto a tus hijos, podrías decirles:

- Creo en ti, en el potencial extraordinario que Dios puso en ti.
- Te corrijo porque te amo; y porque te amo, te instruyo en los caminos de bien.
- Creo que eres excelente y muy capaz de lograr todo lo que te propongas.

¿Lograste ver la diferencia? Solo al hablarlo ya lo vemos desde otra perspectiva, y esto no sucedió hasta que estuvo en nuestro lenguaje, es decir, que lo que no está en nuestro lenguaje, no existe.

Cuando anhelamos un cambio en nuestra vida, debemos saber que ese primer cambio ocurre cuando lo hablamos. Solamente con hacerlo, ya estamos generando una posibilidad. Frases como "está bien, lo vamos a intentar", "te voy a dar una oportunidad" o "volveré a comenzar" tienen mucho poder. Este principio me ha

Lo que no está en nuestro lenguaje, no existe.

acompañado desde el primer día de Casa de Fe, hace ya 15 años.

Me propuse en mi corazón tratar a la iglesia como si fuera una iglesia grande. Éramos 30 personas en los inicios; pero mi lenguaje, y por ende, mis decisiones, eran como para una iglesia de miles. En aquel tiempo, ante esas 30 personas, mis decisiones parecían no tener mucho sentido y podían ser tildadas de ridículas. Pero cada vez que en mi lenguaje yo describía el futuro, era cuando nos dábamos la oportunidad de estar más cerca de él. ¡Hoy te puedo decir que vivimos lo que desde el principio generamos en nuestro lenguaje!

Creí; por tanto hablé, estando afligido en gran manera. (Salmos 116:10)

Por encima de una realidad, ¡siempre triunfará la verdad! La realidad es lo que a simple vista nuestros ojos ven, pero la verdad es aquel principio, aquel valor arraigado en nuestro corazón. Muchas veces perdemos de vista esa verdad por las adversidades presentes. Una realidad podría ser que ambos fallaron en la relación matrimonial y la echaron a perder; pero la verdad es que ustedes se aman, así que lo pueden volver a intentar. Otra realidad puede ser que el negocio quebró, no supiste manejarlo bien; pero la verdad es que tienes una pasión por dentro que te llevará a volverte a levantar. Deja que la verdad triunfe, aun por encima de una realidad difícil de llevar.

Cuando hablamos del futuro, le damos propósito y dirección a nuestro presente. La fe te llevará a vivir de una forma diferente. Te ayudará a mantener una actitud optimista sin importar lo que te toque atravesar, te mantendrá motivado a alcanzar tus metas trazadas sin perder la esperanza de que sucederá lo que has creído.

> *Cuando hablamos del futuro, le damos propósito y dirección a nuestro presente.*

HAZLE FRENTE A LA PRUEBA

Tales dificultades serán una gran prueba de su fe, y se pueden comparar con el fuego que prueba la pureza del oro. Pero su fe es más valiosa que el oro, porque el oro no dura para siempre.
(1 Pedro 1:7, PDT)

Del año 2015 al 2017 me tocó atravesar una gran prueba en mi vida, creo que es la primera vez que lo hago público. Recuerdo que el ritmo de trabajo era muy fuerte. Los días domingo teníamos seis reuniones en el teatro donde funcionábamos. Empezábamos desde muy temprano con todo el montaje de audio, video, iluminación, más las áreas comunes y las áreas de los niños. Literalmente eran decenas de voluntarios que desde temprano preparaban el teatro para que funcione como iglesia ese día (lugar donde el día anterior se había utilizado para algún espectáculo de la ciudad).

Nuestra primera reunión empezaba a las 8 a. m. y la última terminaba a las 10 p. m., para después desmontar todo lo que habíamos utilizado. Yo enseñaba en las seis reuniones, pasaba ahí todo el día. Mi desayuno, almuerzo y la cena eran también allí. Entre cada reunión teníamos un aproximado de 15 a 20 minutos para evacuar el auditorio y los estacionamientos para recibir a las personas que vendrían a la siguiente reunión. Realmente todo era muy emocionante; hasta que empecé a experimentar unos mareos que poco a poco se fueron intensificando. Recuerdo haberme hecho diferentes tipos de exámenes médicos para obtener al final tener la misma respuesta: "Usted no tiene nada, probablemente es estrés".

Cada vez que me decían que no tenía nada me frustraba, porque mis mareos eran tan reales.

Esta situación se agravó de tal manera que no solo me mareaba, sino que a veces sentía que me desmayaba. Sentí tener el control de la situación mientras los mareos no ocurrían en el escenario del teatro, pero en el momento que aparecían durante el tiempo de enseñanza, noté que esto era una prueba que se estaba escapando de mis manos sostenerla. Habíamos tenido muchas conversaciones con Carla y con quienes conocían esta situación, y por hacerme el bien me decían, "descanse, pastor, usted necesita descansar, no se estrese por nada". Yo me irritaba al escuchar esas palabras porque dentro de mí no encontraba ese cansancio o estrés, entonces no sabía cómo manejarlo. Y aun descansando y delegando, mi condición de salud no mejoraba.

Había domingos que me sentía tan mal durante el tiempo de la enseñanza, que tenía en la primera fila a parte de mi equipo solo por si acaso me llegaba a desplomar. En un par de ocasiones terminé de enseñar y solo alcancé a ingresar al *backstage*, donde me agarraron y me llevaron a recostarme.

Durante la mayor parte de este tiempo de prueba le había hecho frente a los exámenes y citas médicas. Pero esta temporada con médicos definitivamente no le puso fin a este periodo de prueba.

Las cosas ocurrieron en una ocasión cuando estaba enseñando en una conferencia en Colombia. De repente empezó esta crisis durante mi tiempo de enseñanza. Nunca me había pasado fuera de casa, yo ya me había acostumbrado. Incluso llegué a pensar que si me ponía muy mal, sencillamente pararía y le explicaría a la iglesia que no me sentía bien para continuar, ya lo tenía todo planeado en mi mente. Pero en esta ocasión no era tan fácil detener las cosas así, era la primera vez que estaba en ese lugar, y dentro de mi pensaba: *No quiero hacer un show acá.*

Aquel día en Colombia esta crisis se llegó a intensificar como nunca antes. Creo que las molestias, más mis nervios al sentirme así, lo empeoraron todo. Pero fue ese mismo día donde decidí no huirle más a la prueba, y entonces le hice frente. Mientras seguía enseñando, dentro de mi empezó un enfrentamiento que nunca olvidaré. Le dije a ese malestar, *aquí estoy, te vengo a hacer frente de una vez por todas, ya no te tengo miedo, si esto me* va a matar pues que muera predicando la Palabra; y si no, ¡que esto se acabe!

Por fuera seguía enseñando en la conferencia; ¡pero por dentro se estaba dando un gran enfrentamiento! ¿Y saben qué pasó? ¡No me mató! De sentirme casi morir, me repuse de ese malestar por completo. Fue un milagro, literalmente, ¡desapareció todo lo que sentía y pude terminar la enseñanza con fuerza y bendición! Nunca nadie se dio cuenta, pero yo libré una de mis mejores batallas esa tarde.

Me di cuenta que podía ser más fuerte que la prueba, y que Dios ese día me había dado la victoria. ¡Fue ahí cuando pude vencer! ¿Cómo lo logré? Cuando me vi más grande que ese gigante que por dos años salía a asustarme y atemorizarme. ¡Fue usando mi fe! Las pruebas revelan nuestra fe. Así como el oro debe pasar por el fuego para ser probado y purificado, nuestra fe a través de las temporadas difíciles también es probada.

Hacerlo solo con nuestras fuerzas será imposible, pero hoy puedes echar mano de la fe. Por eso te invito a que enfrentes tus más grandes temores. Encara esa adversidad que por años te ha dominado, ¡hoy párate frente a ella con fe para vencer!

Es ahí cuando te vuelves un Superhumano, cuando logras hacerle frente a la prueba que nadie quisiera enfrentar y que tú mismo quisieras evitar; pero lo lograrás a través de esa maravillosa provisión divina para el hombre que es la fe.

UN DESAFÍO MÁS GRANDE DE LO QUE IMAGINAS

Los primeros discípulos de Jesús acababan de regresar de una primera misión. Se habían retirado a un lugar aparte para descansar y contarle a Jesús todo lo extraordinario que habían vivido, pero no tardó mucho en que la gente supiera dónde estaban para que llegaran al encuentro del Maestro. Jesús empezó a predicarles a todos, y cada vez llegaban más personas y se hacía más tarde. Imagina lo que sintieron los discípulos al ver que en el momento de descanso, Jesús fue interrumpido y otra vez estaba poniéndole atención a las multitudes. Al ver que el día estaba terminando, los discípulos sugirieron a Jesús que los mandara a todos a casa ya que era tarde, y además porque no había un lugar para comer. Pero la respuesta de Jesús fue muy diferente —y hasta contradictoria— a la sugerencia de los discípulos. Él les dijo: "Denles ustedes de comer".

De repente, todo cambió, y los discípulos ahora tienen un nuevo desafío que enfrentar, esta vez algo muy diferente. En la misión de la que acaban de regresar habían predicado, orado por los enfermos y los endemoniados, pero ahora debían creer que podían proveer de alimento a más de cinco mil personas.

Los discípulos llevaron ante Jesús lo que habían logrado conseguir: cinco panes y dos pescados. ¿Qué hace alguien con cinco panes y dos pescados para cinco mil hombres, más mujeres y niños? A los ojos humanos esta es una escena descabellada y sin sentido, parecía mucho mejor la idea de los discípulos de devolverlos a sus casas. Muchas veces en la vida nos vamos a encontrar igual que los discípulos, a las puertas de un gran desafío. Uno donde humanamente es imposible superar, pero que se vuelve una gran oportunidad para ver el poder de Dios obrar.

Jesús tomó aquellos pocos panes y peces y les dio la orden a los discípulos para que les digan a las personas que se sienten en grupos de 100 y 50. Hasta ese momento no había ningún otro alimento más; sin embargo, los discípulos tenían una orden que ejecutar.

Te imaginas a los discípulos sentando a todos en grupos y las personas preguntando: "¿Nos van a dar de comer? ¿Tienen alimentos para todos nosotros? ¿Qué nos van a dar?". Los discípulos no tenían las respuestas, ellos mismos no sabían lo que estaban haciendo ya que aún no había comida para todos. Y es que no se trata de entender o tener las respuestas para tus interrogantes, se trata de obedecer si Dios te da una instrucción, aunque te parezca absurda sin sentido o incómoda.

En mi época de adolescencia, servía en el grupo de jóvenes de la iglesia donde crecí. Recuerdo que era parte activa del grupo organizador de eventos; y cada vez que venía un retiro, por la gran pasión que yo tenía por servir, se volvía un privilegio para mí organizarlo. Separaba el trabajo en comisiones, velaba porque cada comisión se organizara y cumpliera con sus responsabilidades. Pensaba en el programa, sus enseñanzas y las actividades especiales que íbamos a tener esos días. Es decir, estaba atrás de todo y veía que no faltara hasta el último detalle.

Todo iba bien en la historia; hasta que aparecía una frase como "denle ustedes de comer". Una orden superior (o, mejor dicho, un desafío) que cambiaba completamente el rumbo de mi planificación.

La noche anterior al retiro, mi mamá me dijo: "¡Este feriado que empieza mañana lo pasaremos en familia, nos vamos a la playa y tú vienes con nosotros!". Y yo le respondí: "Pero mamá, mañana empieza el retiro y yo tengo que ir. ¡Organicé todo, me necesitan allá!". Era algo así como "solo tenemos cinco panes y dos peces, ¿y tú quieres que alimentemos a toda esa multitud?". ¡Eso es imposible!

Esa noche sentía que el mundo se terminaba, ¿cómo le iba a decir a mi pastor de jóvenes que no iba a ir? Yo había organizado el retiro, yo era el que sabía qué debía ocurrir en cada momento, ¡era imposible que faltara! Pasé la noche tratando de convencer de todas las formas a mi mamá de que un adolescente sabe qué hacer. ¿Qué creen qué pasó al final? Me mandaron a sentar a la multitud en grupos de 100 y 50. Tuve que obedecer, y terminé en la casa de la playa metido en mi cuarto mirando las cuatro paredes, mientras en ese mismo momento muchos jóvenes estaban disfrutando de un gran retiro que yo había organizado.

Si te acabo de dar pena con esta historia, déjame decirte que este suceso se repitió en varias ocasiones. Me tocó dejar todo organizado sin poder ir a los siguientes retiros porque era feriado y era tiempo de pasarlo con la familia. Al final, nunca fui a ninguno de esos retiros que organicé en el grupo de jóvenes. Como adolescente que ama a Dios, había abrazado en mi corazón el principio de la obediencia y la honra a mis padres. En cada uno de estos episodios me sentía como los discípulos, obedeciendo sin entender por qué Dios me llevaba a esta situación. Lo que sí tenía como una certeza en mi corazón era que Dios es fiel para cumplir a su Palabra, así que obedeciendo a mis padres iba a tener mi bendición.

Regresa conmigo por un momento a la historia de los discípulos y mira lo que sucedió:

> *Entonces tomó los cinco panes y los dos peces, y levantando los ojos al cielo, bendijo, y partió los panes, y dio a sus discípulos para que los pusiesen delante; y repartió los dos peces entre todos. Y comieron todos, y se saciaron.* (Marcos 6:41-42)

Este gran milagro de multiplicación de los alimentos sucedió en manos de personas obedientes. Los discípulos repartieron a las multitudes con casi nada ante sus ojos, solo un pedazo de pan y un pedazo de pescado, pero obedeciendo a la orden que su Maestro les dio. La clave no fue cuánto tenían en sus manos, sino su obediencia frente a una orden. ¡Dios es especialista en hacer de lo poco, mucho!; y de la nada, ¡todo!

Los alimentos empezaron a multiplicarse en las manos de ellos cuando empezaron a repartirlos. ¿Te imaginas esta experiencia tan impresionante? Que de pedazos de pan y pescado; miles pudieron comer. ¡Qué gran milagro!

En nuestra obediencia hay milagros. ¡En nuestra obediencia hay bendición! Muchas veces nosotros mismos nos cerramos la puerta a los milagros cuando tratamos de encontrarle lógica y entendimiento a todo antes de obedecer. Hoy te invito a hacerlo de otra manera, como un Superhumano. Te animo a usar tu fe para obedecer. ¡Debes creer que en la obediencia tú también encontrarás milagros para tu vida!

> *En nuestra obediencia hay milagros. ¡En nuestra obediencia hay bendición!*

Creo que por dentro los discípulos tuvieron que haber dicho: "¡Esto es una locura!, pero si el Maestro lo pide, ¡algo va a suceder!". ¡Esto es fe!

¿Sabes cuántos retiros, eventos y conferencias no solo he podido organizar, sino que también he sido invitado a enseñar? Son muchísimos en comparación a los que en mi juventud no pude asistir. ¡Hoy tengo el privilegio de viajar por mi país y el mundo como invitado a predicar en diversos eventos aun mejores de los que un día me perdí!

Y todo empezó por obedecer a una orden: "Denle ustedes de comer".

¿Qué te ha pedido Dios que debes obedecer? ¿Qué te han pedido tus padres, tu jefe, tu líder en la iglesia? ¡Es posible obedecer cuando esa obediencia la alimentas desde tu fe! Fe no es imaginar algo bonito que te pueda pasar, fe es obedecer a la Palabra de Dios. Obedecer desde el entendimiento lo hacemos todos los humanos; pero obedecer usando tu fe te vuelve un Superhumano. Tus resultados aquí serán sobrenaturales, ¡recuerda que siempre en la obediencia por la fe habrá un milagro por suceder!

¡UNA FE QUE NO APESTA!

La fe se vuelve ese primer principio divino que trae grandes y extraordinarios resultados sobre la vida del ser humano. Si has llegado hasta aquí, estarás de acuerdo conmigo en que la fe debe ir acompañada de una acción. Fe es **tener** esperanza (expectativa en mi espera), fe es **hablar** futuro, fe es **enfrentar** la prueba, fe es **obedecer**. ¡Todo empieza por la fe!

> *Así también la fe, si no tiene obras, es muerta en sí misma.* (Santiago 2:17)

Si la fe no va acompañada de una acción, se vuelve una fe muerta, y todo lo muerto apesta. ¿Qué provecho tiene decir tener fe y no tener obras? Tener obras se resume en acciones y en hechos. Una cosa es decir y otra cosa es hacer. Y hay quienes dicen tener fe, pero no tienen obras de acción que respalden esa fe.

Déjame ponerte un ejemplo: si entre nosotros hay quienes tienen necesidad de alimento y sustento, pero solo les decimos, "vayan en paz, coman y abríguense", y no les damos lo necesario para esto, ¿de qué aprovecha? La fe no puede quedar en un buen deseo, porque se vuelve una fe apestosa, no sirvió para nada. La fe debe conectar con una acción, ¡una buena obra que refleje bien qué es en lo que estamos creyendo!

Y para que la fe suelte esa fragancia que nos convierte en Superhumanos, hay que añadirle virtud.

CAPÍTULO 2

Virtud, un impulso de excelencia

... añadid a vuestra fe, virtud.

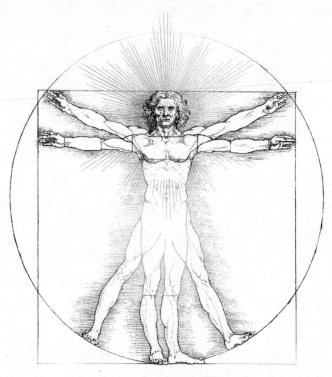

La fe debe ir acompañada de una acción, se dice que la fe sin obras es muerta. Cuando esta obra es virtuosa es mucho mejor, a esto le llamamos añadir virtud a nuestra fe. Lo que nos va a permitir sobresalir en la vida no será cuánto decimos creer en algo, sino una acción virtuosa que hable de cuánto lo hemos creído.

La virtud que se le añade a la fe tiene que ver con una obra bien hecha, una obra de calidad, y para esto te presento la excelencia. El significado de "excelencia" es *calidad superior o bondad que hace digna de aprecio y estima a una cosa o a una persona.*

LA EXCELENCIA TIENE MENTE

La excelencia empieza en nuestra manera de pensar. Te voy a presentar lo que considero uno de los mejores textos que nos da la Biblia para enseñarnos la importancia de escoger nuestros pensamientos, y cuáles deberían ser. Considéralo un respaldo a la idea que te presenté líneas atrás: la excelencia empieza en nuestra manera de pensar.

Por lo demás, hermanos, todo lo que es verdadero, todo lo honesto, todo lo justo, todo lo puro, todo lo amable, todo lo que es de buen nombre; si hay virtud alguna, si hay algo digno de alabanza, en esto pensad. (Filipenses 4:8)

De todos los elementos que nombra Pablo, me gustaría resaltar el que deja al último: "Si hay algo digno de alabanza". Nos motiva a pensar en aquellas cosas que son dignas de ser reconocidas, las que son merecedoras de elogios, aplausos, y estas son las obras virtuosas, las que son hechas con excelencia. Hay muchas cosas en las que podemos pensar, ¡pero aquí se nos motiva a pensar en las mejores!

A diario, por lo que vemos, oímos o sentimos, vamos a encontrarnos con diferentes pensamientos. Que tengamos muchas ideas no significa que con todas nos debamos quedar. Es en nuestra mente donde se desatan las más grandes batallas que determinarán nuestro comportamiento y también nuestras decisiones. Permíteme regalarte el consejo que por años me ha acompañado y me ha ayudado a mantener una mente sana.

Examinen todo y quédense con lo bueno. Manténganse alejados de todo lo malo. (1 Tesalonicenses 5:21-22, PDT)

Debemos darnos un tiempo para examinar lo que tenemos en nuestra mente, no seamos tan rápidos para asumir, aceptar o responder. Examinar tus pensamientos te dará la oportunidad de distinguir cuáles son buenos y cuáles son malos. Cuando tengas mucho en tu mente, detente y examina bien. Luego debes escoger con qué te quedas y con qué no. La única forma de decir "no" a un pensamiento es manteniéndolo lejos de ti, ya que si lo tienes cerca, ¡literalmente se te pegará! Aprendamos a escoger nuestros pensamientos. ¡Escojamos los mejores!

Así como son tan importantes los pensamientos verdaderos, los honestos y los puros, son también los pensamientos donde hay algo digno de alabanza, es decir, los pensamientos de excelencia. Probablemente no habíamos notado que para Dios se encuentran en la misma categoría, y en el mismo versículo, por ende, tienen la misma importancia. Tan importante como un pensamiento justo, es un pensamiento de excelencia. Cuando pienses en tu vida, en tus planes y retos que tienes por delante, hazte esta pregunta: *¿Cómo puedo hacer que ese proyecto sea una obra excelente?* Esto aplica en tu forma de cuidar a tu familia, en tus negocios y en tus estudios. En todo ámbito de la vida siempre pregúntate cómo lo puedes hacer con la mayor calidad.

Ese gran desafío o sueño que llevas por dentro no se puede quedar solo en tener fe, sino que lo puedes convertir en una obra de virtud, en una obra excelente. ¡Y esto empieza en tu mente!

LA EXCELENCIA TIENE MANOS

Ahora te daré una de las mejores definiciones de excelencia dadas por el rey Salomón.

> *Todo lo que te viniere a la mano para hacer, hazlo según tus fuerzas.* (Eclesiastés 9:10)

Hacer con nuestras fuerzas lo que llegue a nuestras manos. Esta idea, que parece muy simple, esconde mucha sabiduría detrás. Hay quienes piensan que excelencia es hacer las cosas con los mayores y mejores recursos, pero ¿qué pasa cuando esos recursos no están en nuestras manos o

Ese gran desafío o sueño que llevas por dentro no se puede quedar solo en tener fe, sino que lo puedes convertir en una obra de virtud, en una obra excelente.

quizás están en manos de otra persona? Entonces nos frustramos, nos desanimamos y pensamos que no lo podemos lograr. Que tú puedas hacer una obra excelente no depende de la fuerza de otros, sino de la tuya. Si está en tus manos, ¡se trata de tu fuerza primeramente! ¿Qué ha llegado hoy a tus manos? ¡Empieza con eso y hazlo brillar!

Mis primeras apariciones en la televisión nacional no fueron lo que son hoy. Recuerdo que hace ocho años fui invitado a tener un espacio de dos minutos para dar una enseñanza acerca de cómo vivir mejor de la mano de Dios. Este espacio salía antes del noticiero de las seis de la mañana.

Esto fue lo que llegó a mis manos, ¡entonces lo trabajé con todas mis fuerzas! El segmento se grababa en exteriores, así que debíamos buscar diferentes espacios de la ciudad y preparar todo para un espacio de dos minutos. Crecí con una escuela de predicación donde aprendí que entre más larga la enseñanza, era siempre mejor. En aquel tiempo una prédica mía podía durar fácilmente una hora, y créeme que tenía para más.

El desafío fue meter mi acostumbrada enseñanza de una hora en dos minutos para la televisión. Mi meta era dejar un mensaje de vida a la comunidad, con todo el bosquejo tradicional de un mensaje; es decir tema, introducción, tres ideas principales, ideas menores, y finalmente conclusión y aplicación. ¡Todo eso en dos minutos! Era un gran desafío dejar un gran mensaje en pocas palabras. No estaba en las manos de nadie más, sino en las mías. Volverme excelente me costó cambiar mi forma de pensar y mi forma de hablar. Entendí que no se trataba cuánto podía yo hablar, sino cuánto podía captar mi audiencia. Aprendí que a veces es mejor menos con buen contenido, que mucho con harto relleno.

El primer ejemplo nos lo dejó Dios: *Y vio Dios todo lo que había hecho, y he aquí que era bueno en gran manera* (Génesis 1:31). Esto es lo primero que sucede después que Dios crea la tierra. Esa tarde del sexto día, Dios mismo evaluó su obra y vio que era bueno en gran manera. Él nos ha dejado el ejemplo a seguir.

Haz una pausa y reflexiona: ¿qué ha llegado a tus manos?

Recuerda que la excelencia empieza en tu mente, pero continúa hacia tus manos para que se convierta en una obra admirable.

LA EXCELENCIA TIENE BOCA

Los cielos cuentan la gloria de Dios, y el firmamento anuncia la obra de sus manos. Un día emite palabra a otro día, y una noche a otra noche declara sabiduría. No hay lenguaje, ni palabras, ni es oída su voz. Por toda la tierra salió su voz, y hasta el extremo del mundo sus palabras. (Salmos 19:1-4, NBV)

Estos versos del Salmo 19 me hablan de que la voz salió por toda la tierra, que se escuchó hasta el otro extremo del mundo sus palabras; sin embargo, deja claro que no hay lenguaje, ni palabras, ni tampoco una voz audible. ¿Fue la voz de Dios, entonces, lo que habló? ¡Lo que habló fue la excelencia de su creación! Su gran obra virtuosa. El cielo contó la gloria, el firmamento habló de la obra, un día a otro día lo contaron, y de una noche a otra noche se habló sabiduría.

Las cosas bien hechas hablan por sí solas. A veces nuestros esfuerzos están más enfocados en tratar de hacer conocer lo que hacemos, ¡y no en hacer excelente lo que hacemos! ¡Las cosas bien hechas se promocionan por sí solas!

¿Qué cuentan tus cielos?, ¿tu tierra?, ¿tu día y tu noche? Recuerda, ¡la excelencia tiene boca!

¡UNA REGLA DE ORO!

Aborreced lo malo, seguid lo bueno
(Romanos 12:9b)

¡Qué buena decisión es seguir lo bueno! Estoy seguro de que a estas alturas de la lectura estás lo suficientemente motivado a añadirle a tu fe, virtud, es decir, una obra de excelencia. Pero ¿cómo hacer para que no quede solo en una motivación temporal? ¿Cómo lograr que permanentemente hagamos obras de excelencia en nuestras vidas? Para esto no solo debemos seguir lo bueno, sino también aborrecer lo malo. Debes asegurarte de no tener forma de volver atrás. Es partir hacia el destino de la excelencia sin boleto de retorno, y solo será posible si logras crear en ti la cultura de detestar enormemente las cosas mal hechas. Sé que suena un poco fuerte, pero fuerte también será la tentación de asociarte a la mediocridad. Tú escoges.

No solo te deben gustar las cosas bien hechas, sino que te debe molestar las cosas mal hechas. Si no aborreces lo malo, pronto te encontrarás en una zona de conformidad con la mediocridad. No te conformes a los estándares mínimos o con el promedio. Que la gran mayoría se mantenga en esos niveles no debe ser la excusa para que se repita contigo. La ley del mínimo esfuerzo podría traerte descanso a tu presente, pero después se convertirá en un dolor permanente. No intercambies un futuro brillante por un presente con descanso.

Al no encontrar crecimiento terminaremos enfrentando un estancamiento personal. La mediocridad nos puede llevar a este estado de estancamiento en diversas áreas de nuestra vida. Cuando no tenemos aspiraciones o desafíos que nos impulsen hacia adelante, es posible que nos encontremos atrapados en una rutina sin sentido que no permite el desarrollo.

¡NO CORTES CAMINO!

La historia de Rosie Ruiz nos alecciona sobre cómo a algunas personas parecen no molestarle las cosas mal hechas. Y eso es lamentable, porque te aleja de convertirte en un Superhumano.

Rosie nació en Cuba y emigró a los Estados Unidos a los ocho años. Ya como ciudadana, participó en la maratón de Boston en el año 1980, ¡y la ganó con un tiempo espectacular! Corrió 42 kilómetros en solo 2 horas, 31 minutos y 56 segundos ¡Todo un récord en la historia de esa carrera!

Rosie estaba cansada, pero igual se dio el tiempo para dar una entrevista para la televisión. La periodista se refirió a Rosie como "la misteriosa mujer ganadora, no la vimos en ningún punto de control, ¡felicitaciones!". La imagen de Rosie era curiosa, la mayoría de los maratonistas llegaban extenuados, incluso algunos se desplomaban tras pasar la línea de llegada, pero Rosie agradecía con un buen semblante y una sonrisa.

Pero ella no solo había ganado, sino que lo había hecho 25 minutos más rápido que en la maratón de Nueva York, la misma que corrió seis meses antes. Eran las dos únicas maratones que había corrido en toda su vida. Estaba feliz con su medalla, ya había bajado del podio cuando de pronto dos personas del público denunciaron que la vieron salir de entre todo el gentío y sumarse a la carrera unos kilómetros antes de la meta.

El detalle es que así como la periodista no recordaba haberla visto, tampoco las atletas que corrieron a su lado. La medalla de oro de la categoría masculina, Bill Rodgers, no podía creer que no estuviera extremadamente cansada, como lo estaría cualquiera. Entonces las sospechas eran tantas que hasta en Nueva York verificaron las cosas y se encontraron con algo inesperado: en la maratón de Nueva York había tomado el metro por un par de estaciones. A quienes la vieron con su pechera de corredora en el metro, les explicó: "Me torcí el tobillo, quiero llegar para ver el final de la carrera".

Como es lógico, Rosie fue descalificada de la maratón de Boston. Incluso fue descalificada también de forma retroactiva de la maratón de Nueva York. Ella prefirió dejar de lado la excelencia y se conformó con un estándar mínimo. Cuando esto pasa te encuentras con la falta de crecimiento, ya que es ahí donde pierdes la motivación para mejorar y crecer. Esto terminará limitando tu potencial y cerrando las puertas para alcanzar tus metas.

Es tiempo de levantar los estándares a niveles superiores, hasta que te encuentres pensando, haciendo y demostrando obras que reflejen verdaderamente la virtud con la que te decides hoy a hacer las cosas. Recuerda que la excelencia y el esfuerzo van a ir de la mano con el éxito y las oportunidades. La mediocridad nos llevará a pasar por alto grandes oportunidades. Por eso te animo a que no solo sigas lo bueno, sino que decidas aborrecer lo malo, ¡que esta sea una nueva norma en tu vida que te convierta en un Superhumano!

¿DÓNDE EMPIEZA LA EXCELENCIA? ¡EN MÍ!

No hay árbol bueno que pueda dar fruto malo, ni árbol malo que pueda dar fruto bueno (Lucas 6:43, DHH)

Al final, los frutos solo hablan de cómo es el árbol, bueno o malo. Así también nuestras obras, nuestros frutos, revelarán quiénes somos nosotros. Por eso es necesario reforzar quiénes somos para saber qué es lo que tendremos. Esto se puede resumir con la frase: "Dime quién eres, y te diré cómo son tus frutos".

¿Has oído hablar del Rey David? Fue el segundo rey que tuvo el pueblo de Israel y el autor de la gran mayoría de los salmos que encontramos en la Biblia. Su historia es de gran inspiración, supo guardar su identidad como un tesoro que le permitiría triunfar.

Cuando fueron a la casa de su padre para ungir a quien sería el próximo rey, su padre, Isaí, puso delante del profeta al resto de sus hijos, menos a David. Todos ellos eran de gran tamaño y hombres experimentados para la guerra. David no fue considerado como una opción por su propio padre; sin embargo, ¡fue él a quien Dios eligió!

Y Jehová respondió a Samuel: No mires a su parecer, ni a lo grande de su estatura, porque yo lo desecho; porque Jehová no mira lo que mira el hombre; pues el hombre mira lo que está delante de sus ojos, pero Jehová mira el corazón. (1 Samuel 16:7)

Nuestra identidad no se forma primeramente por nuestras características externas como nuestra estatura, nuestro color de piel o nuestros rasgos. La identidad habla primeramente de la esencia de nuestro corazón. Buscaban un futuro rey, y eso no tenía que ver con su tamaño o apariencia, sino con las cualidades en su interior.

Uno de los frenos más grandes que consciente o inconscientemente tenemos en nuestras vidas viene por sentir el rechazo en nuestras casas, especialmente con nuestros padres. Nuestras inseguridades en nuestra identidad se forman desde muy chicos, donde fuimos marcados por eventos o momentos específicos donde nos sentimos no amados, no respetados, rechazados, burlados o incluso hasta abusados. Las familias pasamos por circunstancias muy críticas donde, aunque el tiempo ya

> *La identidad habla primeramente de la esencia de nuestro corazón.*

pasó, el trauma o las heridas no, estas se ven reflejadas en nuestra identidad y necesitan ser tratadas.

En una ocasión que estaban todos en tiempo de guerra, David fue a ver a sus hermanos al campo de batalla para llevarles alimento. Cuando se interesó en saber qué pasaba en la guerra, Eliab, el hermano mayor de David, cuando escuchó la conversación de David con los soldados, se enojó muchísimo y le preguntó a David: *¿A qué viniste? ¿Con quién dejaste tus pocas ovejas en el desierto? Yo sé bien que eres un mentiroso y un malvado. Sólo viniste a ver la batalla* (1 Samuel 17:28, TLA). Delante de todos los demás en ese campo de batalla, Eliab levantó su voz tratando de humillar y avergonzar a su hermano David, pero la historia dice que David no hizo caso a esas palabras y avanzó. ¡Eso es lo que hace un Superhumano!

Permíteme resaltar la acción de David: *Apartándose de su hermano, preguntó a otros* (1 Samuel 17:30, NVI). Sé que mejor nos quedaría hablar aquí de lo malo y despiadado que fue su hermano Eliab, de lo injusto que fue al tratar así a su hermano menor delante de los demás, pero no, mejor aprendamos de David. No voy a poder controlar lo que otros digan de mí, ¡pero sí puedo controlar qué sucederá en mí!

A mis 18 años debía decidir qué iba a estudiar en la universidad. Esta es una de las decisiones más importantes en la vida, y uno a esa edad batalla mucho con saber que estudiará lo correcto. Dentro de mí había un fuerte deseo de prepararme mejor en mi conocimiento de Dios y su Palabra, pero era algo complemente nuevo en mi familia. Soy la primera generación de pastores en mi casa.

Recuerdo que estaba en el mismo cuarto de la casa de la playa donde pasé mis feriados familiares en obediencia, y ahí fue cuando Dios me habló. Yo ya estaba matriculado a un preuniversitario, pero no tenía paz en lo que iba a estudiar, y le pedía a Dios que me confirmara si Él me había llamado a servirle en el pastorado; y que si era así, entonces yo me iba a preparar. Estaba a solas en el cuarto orando y quebrantado delante de Él. Le pedí con todo mi corazón que me confirmara mi llamado a servirle a tiempo completo. ¡Entonces Dios me llevó a un pasaje en la Biblia donde claramente me confirmó que me quería en el equipo! Muy pocas veces he compartido este pasaje, pero si te gustaría leerlo, aquí te lo dejo.

He aquí mi siervo, yo le sostendré; mi escogido, en quien mi alma tiene contentamiento; he puesto sobre él mi Espíritu; él traerá justicia a las naciones. No gritará, ni alzará su voz, ni la hará oír en las calles. No quebrará la caña cascada, ni apagará el pábilo que humeare; por medio de la verdad traerá justicia. No se cansará ni desmayará, hasta que establezca en la tierra justicia; y las costas esperarán su ley. Así dice Jehová Dios, Creador de los cielos, y el que los despliega; el que extiende la tierra y sus productos; el que da aliento al pueblo que mora sobre ella, y espíritu a los que por ella andan: Yo Jehová te he llamado en justicia, y te sostendré por la mano; te guardaré y te pondré por pacto al pueblo, por luz de las naciones. (Isaías 42:1-6)

Todo estaba bonito hasta ahí, pero me tocó salir del cuarto a enfrentar a toda la familia y que se enteraran que en su descendencia habría un pastor. Tuve el completo apoyo de mis padres, pero recuerdo las palabras de un familiar cercano que me dijo: "¿Mijito, estás seguro de que quieres ser pastor? Serás la pena de la familia, todos tendrán que ayudarlo".

Estas palabras quedaron resonando por un tiempo en mi cabeza, hasta que entendí que yo no sería lo que alguien diría, sino que era lo que Dios puso dentro de mí. No creo que hoy tú estás leyendo este libro porque te causé pena, sino creería que es por una inspiración para poder vivir mejor. A este familiar que en algún momento no me apoyó, cuando escuchan su apellido muchos le preguntan: "¿Es usted algo del pastor Carlitos, el que sale en la televisión?", y cuando él afirma que es mi familiar, le dicen: "¡Por favor, agradézcale por todo lo que me ha ayudado!".

> *No permitas que tu identidad se construya por lo que otros puedan decir, sino por lo que Dios ha puesto dentro ti.*

Si yo me hubiera quedado con las palabras de mi familiar, nunca hubiera descubierto el potencial que llevaba por dentro para servir a los demás. ¡Seguro no estarías leyendo este libro porque no existiría! No permitas que tu identidad se construya por lo que otros puedan decir, sino por lo que Dios ha puesto dentro ti.

David se volvió rey, tuvo mucho éxito y reconocimiento en toda su labor, y lo más importante fueron las palabras de su Dios para él: *Hombre de* quien Dios mismo dijo: *"David, hijo de Isaí, es un hombre conforme a mi corazón y me obedecerá..."* (Hechos 13:22, NBV).

Fe y virtud, ¡que combinación más maravillosa y eficaz! Pero hay más. El siguiente ingrediente que te hace un Superhumano hará que tu obra trascienda. ¡Tendrás poder cuando empieces a conocer!

CAPÍTULO 3

El poder del conocimiento

... a la virtud añádele conocimiento.

La mejor forma de sostener una obra bien hecha será con el correcto conocimiento. ¡El talento se perfecciona con el conocimiento! Todos tenemos talentos con los que nacemos, otros se desarrollan con el tiempo, pero para que la obra se mantenga virtuosa, debemos añadirle conocimiento.

"El conocimiento es poder", es decir, mientras más conocimiento tenga una persona sobre algo, más poder tendrá. La falta de conocimiento paraliza los talentos. Hay quienes empiezan muy bien, su talento les permite crecer; pero el estancamiento se produce por falta del saber.

Este hombre comenzó a edificar, y no pudo acabar
(Lucas 14:30)

Hay muchas historias que culminan con esta frase, por favor ¡que a ti no te pase! El constructor que desea edificar una torre, primero se debe sentar a calcular los gastos, para ver si tiene lo que necesita para poder terminarla. Podría suceder que después de poner el cimiento, no pueda acabarla y todos lo que lo vean hagan burla de él.

Por otro lado, un rey, al marchar a la guerra contra otro rey, debe analizar y considerar si puede hacerle frente con el ejército que tiene. Y si no puede, cuando el otro todavía está lejos, le envía una embajada y le pide condiciones de paz. Estas dos historias las contó Jesús haciendo referencia a qué tan importante era conocer lo que significa ser un discípulo de Él.

Para completar tus proyectos, la emoción y la pasión no son suficientes, tienes que adquirir conocimiento, eso significa ir más allá, con compromiso, sacrificio y entrega. El poder lo encuentras cuando a la fe le ponemos una obra virtuosa, a la cual le añadimos conocimiento.

TE TOCA APRENDER A TOCAR EL ARPA

Quisiera regresar por un momento a la historia del rey David. Antes de que fuese rey, en el palacio se estaba necesitando a alguien que tocara el arpa para el rey de aquel momento, Saúl. Dice la historia que Saúl estaba siendo atormentado por un demonio y que necesitaba a alguien que con el arpa le trajera paz.

> *Para completar tus proyectos, la emoción y la pasión no son suficientes, tienes que adquirir conocimiento.*

Uno de los trabajadores del palacio sugirió a David y dijo así:

He aquí yo he visto a un hijo de Isaí de Belén, que sabe tocar, y es valiente y vigoroso y hombre de guerra, prudente en sus palabras, y hermoso, y Jehová está con él. (1 Samuel 16:18)

Me impresiona todo lo que hablan del joven David. Lo definen como un hombre valiente; y claro, tocar frente a un demonio no lo hace cualquiera. También era un hombre de guerra, seguro le daba al rey la certeza de tener a alguien que además lo podía defender. Luego lo definen como prudente, y definitivamente se necesitaba a alguien de prudencia frente al rey, que no debía estar preguntándole nada. ¿Te imaginas a un imprudente preguntándole que siente a la hora de manifestarse el demonio? Luego, que sea hermoso hablaba de su buena apariencia. Y, finalmente, que el Señor esté con él, era la mejor parte. No podía ser de otra forma. Todas estas características son fenomenales y muy importantes, ¡pero sin la primera de nada serviría! Tenía que saber tocar el arpa. Por muy hermoso que fuera, si no sabía tocar el arpa, no serviría para el puesto. Por muy prudente y valiente, si desafinaba con el arpa, no era el adecuado. Por muy hombre de guerra que sea, si no sabía interpretar bien las canciones, no funcionaría en el cargo. Lo que trato de resaltar con esta historia es que te toca aprender a tocar bien el arpa. Me alegra si tienes todas las demás virtudes, pero sin arpa, no hay posibilidad.

Tengo una confesión que hacer, y que hasta hoy lo lamento. A mí siempre me gustó tocar el piano, así que de niño me pusieron una profesora para que me enseñara. Tengo oído musical, entonces podía aprenderme una canción a puro oído; pero un buen pianista no solo necesita oído, sino también aprender a leer partituras. Recuerdo que la profesora se esforzaba mucho en enseñarme a leer, iba con su dedo de pianista (largo y flaco) señalándome cada nota, y a la vez con la boca las iba cantando con el tono y el tiempo correcto. Como me costaba leer las partituras y tocar al mismo tiempo, me acostumbré a hacerlo siguiendo su dedo, pero sabía que eso no duraría para siempre, porque era su dedo y no me lo iba a prestar para leer las partituras toda la vida.

Así que tomé el camino fácil (con pena y vergüenza lo digo). Como tengo oído musical, me era muy fácil aprenderme las canciones de memoria. Cada vez que ella venía y me daba la lección, yo ponía mi cara de gran concentración mirando la partitura, pero ya tenía memorizado hasta dónde tocaba darle vuelta a la página para, se supone, seguir con la lectura. Eso sí, siempre oraba para que no me fuera a preguntar en media canción por dónde iba, porque ahí sí me descubriría. Hoy lo lamento de verdad, porque como no aprendí a tocar piano correctamente, un día lo tuve que dejar. En el proceso de conocer, hay que aprender. Y en el aprender hay muchas cosas que nos van a costar, a doler y que no vamos a querer, ¡pero que al final es lo que nos va a dar el poder!

En el proceso de conocer, hay que aprender. Y en el aprender hay muchas cosas que nos van a costar, a doler y que no vamos a querer, ¡pero que al final es lo que nos va a dar el poder!

Tal vez te encuentras en una situación parecida a esta, tal vez estás haciendo cosas que no te gustan, que sientes que no puedes, en las cuales has buscado el camino fácil o incluso estás pensado abandonar. No tomes una decisión hoy que vas a lamentar el resto de la vida. ¿Qué es ese piano para ti? Es aquello que si te esfuerzas en aprender hoy, te va a acompañar el resto de la vida.

No lo abandones, no renuncies, ten la disposición de hacerlo bien.

¡HAY ALGO MÁS ALLÁ
DE TUS MUROS!

Rama fructífera es José. Rama fructífera junto a una fuente, cuyos vástagos se extienden sobre el muro. (Génesis 49:22)

La falta de conocimiento nos lleva a vivir encerrados en una circunstancia, en una temporada, sumergidos en algún problema. Pero la satisfacción de encontrar la solución a los problemas es provista cuando el saber toca a nuestra puerta. Cuando escuchamos un consejo, cuando llega el conocimiento específico que estábamos necesitando, vemos la situación diferente y encontramos una salida pertinente. ¡Hay algo más allá de tus muros!

José fue el bisnieto de Abraham, el padre de la fe. Tiene una fascinante historia de vida y superación. Tuvo que atravesar tantas adversidades que humanamente era imposible que él pudiera levantarse y triunfar; sin embargo, lo logró. Si te llevo al final de su historia, encontrarás a un

Superhumano de quien podemos aprender. Un inmigrante viviendo en Egipto, la potencia mundial de la época, ocupando el puesto más alto de gobierno después del rey. Gobernó con éxito durante los años de abundancia como también en los años de escasez, fue un genio que supo entender que había algo más allá de los muros que lo rodeaban. Por eso se le describe como una viña fructífera, como aquella rama de la viña que sus vástagos se extendieron por encima del muro.

Los muros son todos esos limitantes que nos aparecen en la vida, llegan sin invitación, sin aviso, sencillamente aparecen un día y lo primero que percibimos es un "no". "No puedes avanzar", "hasta aquí llegaste", "esto ya no va más", "no existe solución", y así aparecen escritas frases como estas en los muros de nuestra mente y pretenden mantenernos encerrados en sus cuatro paredes, limitando nuestro potencial.

En su adolescencia todo iba muy bien en la vida de José, disfrutaba del amor de su padre. Él le regaló una túnica de colores que nadie más tenía en casa. José tuvo sueños que, sin saberlo, en ese tiempo eran señales fuertes de su futuro liderazgo. Sus hermanos empezaron a tenerle coraje y envidia hasta que un día planearon su desgracia.

¡A partir de allí todo cambió para José, y los próximos años se encontraría entre enormes muros que limitarían su vida!

Aquel día, sus hermanos planearon la muerte de José y lo lanzaron a una cisterna, pensando que ahí moriría ahogado, pero la cisterna estaba vacía. Los primeros muros y los más difíciles de escalar son las heridas que experimentamos en el hogar. Literalmente se convierten en los muros de una cisterna donde se vuelve imposible salir, un lugar lleno de oscuridad donde sentimos que nos ahogamos y la salida es imposible de alcanzar. No es lo mismo que un extraño te quiera hacer daño, a que un familiar a quien amas te lastime, definitivamente eso duele más. Sentimos que vamos a morir, ¡pero no será así!

Pero mi intención no es profundizar en lo que te tocó experimentar en casa, sino que hoy conozcas la oportunidad de sanar.

Regresando a la historia de José, al darse cuenta de que la cisterna estaba sin agua, decidieron sacarlo y venderlo a una caravana de ismaelitas que iban camino a Egipto. Los hermanos fingieron la muerte de José, y regresaron a su padre la túnica de colores manchada de sangre de un cabrito que encontraron en el camino. Y fue así como José empezó su travesía en Egipto. Qué interesante: llegó como un esclavo y terminó de gobernador. Recuerda: ¡tú puedes ir más allá de tus muros!

Quizá tu pregunta es, *¿cómo puedo ir más allá de los muros que hoy me rodean?* Entonces permíteme darte tres principios que todos debemos conocer. ¡Recuerda que en el conocer siempre habrá un poder!

1. Conoce dónde estás plantado

Rama fructífera es José. Rama fructífera junto a una fuente. (Génesis 49:22)

José, quien había sido vendido por sus hermanos, era el candidato perfecto para quedarse plantado el resto de su vida en los muros donde un día lo tiraron y vendieron. Él tenía las excusas suficientes para no salir adelante, para convertirse en un hombre desconfiado, amargado, lleno de dolor y rencor, pero no fue así. A José se le conoce como una rama que dio fruto. Aquí se revela la razón: ¡estaba plantado junto a una fuente de agua! El agua es vida. Pregúntate: *¿Dónde estoy plantado?*

Volvamos a la historia de nuestro Superhumano José.

Potifar, el encargado de la seguridad de Egipto, pasó aquel día frente a la caravana de esclavos donde José estaba, lo vio y lo compró para trabajar en su casa.

> *Y vio su amo que Jehová estaba con él y que todo lo que él hacía, Jehová lo hacía prosperar en su mano.* (Génesis 39:3)

Potifar vio que todo lo que hacía José era prosperado. Por su parte, José, en vez de quedarse sumergido en el dolor de una traición, fue esa rama fructífera que traspasó los muros. ¿Cómo lo logró hacer?

Se plantó junto a una fuente correcta, es decir: "Jehová estaba con él". Hay cosas que por nuestra propia cuenta será imposible lograr. Probablemente has estado tratando de curar esas heridas en el tiempo en tus propias fuerzas, ánimo y palabras, pero no has logrado cruzar ese muro. Has avanzado en la vida; pero te encuentras encerrado en los mismos hábitos trágicos, emociones y pensamientos. Probablemente estamos plantados en el temor, la duda, la flojera o el dolor. O lo más común es plantarnos en el ayer, en las duras historias de nuestro pasado.

¡No te relaciones más con tu pasado!

¡Esta es tu oportunidad! No sé qué situaciones difíciles te han tocado atravesar en tu familia, pero hoy es un buen día para dar la vuelta a la página. No alimentes más tu presente con tu pasado, ¡debes saber que hay vida al otro lado del muro! Permítame dejarte esta verdad: *A los que aman a Dios todas las cosas ayudan a bien* (Romanos 8:28). Dios nos ama tanto que aunque en esta tierra los tuyos te tiren a una cisterna pretendiendo acabar con tu vida, Dios mismo dará un giro a esa tragedia y la usará para tu bien. Deja de lamentarte por lo que te hicieron y aplica esta verdad para tu vida: aun eso tan duro que viviste, ayudará para tu bien. Cuando escoges la fuente correcta, tu prosperidad también será la correcta.

> *¡No te relaciones más con tu pasado!*

Será como árbol plantado junto a corrientes de aguas, que da su fruto en su tiempo, y su hoja no cae; y todo lo que hace, prosperará. (Salmos 1:3)

2. Conoce el poder de la resistencia

Mas su arco se mantuvo poderoso, y los brazos de sus manos se fortalecieron, por las manos del Fuerte de Jacob. (Génesis 49:24)

Las pruebas sobre la vida de José no cesaron; sin embargo, se le describe como un hombre de brazos fortalecidos y de un arco poderoso. José desarrolló resistencia. ¡El que no sabe aguantar, no sabrá prosperar!

Potifar fue confiando cada vez más en José hasta que se convirtió en la máxima autoridad después de Potifar en su casa y en el campo. Todo estaba bajo el cuidado de José, y Potifar no tenía que preocuparse de nada. Pero debemos saber que a mayor poder, mayor será la tentación. Fue así como en una ocasión la mujer de Potifar fue directo y sin rodeos hacia José y le dijo: "Duerme conmigo". ¿Qué hacer frente a la tentación? José fue claro con ella en su deseo de no deshonrar a Potifar y no pecar contra su Dios.

¿Cómo, pues, haría yo este grande mal, y pecaría contra Dios? (Génesis 39:9)

¿Qué le permitió a José resistir ante la tentación? Su fidelidad para con Potifar y con Dios. La fidelidad es aquel valor que nos permite desarrollar firmeza y constancia para cumplir nuestros compromisos. Quiero resaltar esta definición de firmeza. Cuanto tenemos un alto grado de fidelidad, tendremos la fuerza y la firmeza para decirle no a la tentación. La fidelidad nos vuelve confiables, firmes e incondicionales.

José era alguien así para Potifar y no quería arruinarlo. Todos los seres humanos somos tentados; pero un Superhumano aprende a resistir la tentación cuando le ha dado un alto valor a la fidelidad en su vida. Muchas veces por algo de dinero, por minutos de placer, por presión social, o sencillamente por probar algo diferente, nos volvemos infieles a nuestro propósito en la vida. La tentación no solo será sexual, otras serán proposiciones para negocios ilícitos, o conseguir algo a través de un engaño; y en general, todo aquello que te induce al mal y que al final solo busca dañar a quienes hacen equipo contigo en la vida.

¡No la escuches!

Hablando ella a José cada día, y no escuchándola él para acostarse al lado de ella, para estar con ella. (Génesis 39:10)

Con la tentación no se platica, porque no entiende palabras. La mujer no hacía caso a las palabras de José, más bien insistía cada día. José estaba claro que si conversaba con ella terminaría en su cama. No participes en conversaciones donde la tentación esté presente. No pienses que por solo escuchar nada te pasará. Donde pones tus oídos, ¡ahí se podría deslizar tu corazón! Creo que este es un llamado de atención a todos, especialmente cuando vas creciendo en poder. Cuando ya ganas tu propio dinero, tienes tu independencia, ya sostienes un cargo de autoridad o recibes los aplausos de la gente, la tentación estará ahí presente.

> *Con la tentación no se platica, porque no entiende palabras.*

¡Déjala, huye y sal de ahí!

Y ella lo asió por su ropa, diciendo: Duerme conmigo. Entonces él dejó su ropa en las manos de ella, y huyó y salió. (Génesis 39:12)

Entrando José en la casa para cumplir con su oficio, la mujer de Potifar aprovechó el momento, y tomándolo por la ropa intentó acostarse con él. José dejo su ropa y huyó. ¿Qué hubiese pasado si por un momento el regresaba a ver su ropa? Probablemente podría llegar a ceder a la tentación. A veces nos encontramos en esa lucha en medio de la tentación y nos queremos inventar cualquier excusa para regresar ahí. Aquí vale muy bien este dicho: "Quien con fuego juega, se quema".

En mi tiempo como pastor de jóvenes, recuerdo haber recibido la llamada de un joven quien estaba recién empezando su relación con Jesús, y que había aprendido la importancia de guardar su pureza sexual. Me llamó un viernes por la noche, y con voz desesperada y muy baja me dijo: "¡Pastor, estoy encerrado en el baño de la casa de una joven!". Casi no le entendía y le pedía que me lo repitiera. Y con voz de angustia me decía: "Todo estaba para suceder, pero algo dentro de mí me lo impidió, ahora no sé qué hacer, ¡ayúdeme!". Recuerdo que le dije: "Vas a abrir la puerta del baño, y luego toma toda la viada posible para correr sin parar hasta que llegues a tu carro, te subes y te vas. ¡No se te ocurra voltear atrás ni un segundo!".

Ese joven literalmente salió como un José: sin decir nada salió corriendo, se subió a su carro y se fue. ¿Qué hubiera pasado si se detenía a explicarle a la joven que él llamó a su pastor y que recibió el consejo de correr y que lo disculpara? Seamos honestos, sería demasiado tarde, se lo hubieran cenado. No camines solo por lo que tú puedas sentir, mejor dale un lugar a ese toque divino, de manera que llegue a tu vida el valor de la fidelidad. Te ayudará a resistir lo que antes no podías resistir. Te dará la fuerza no solo de huir, sino de asegurarte de salir de ahí para no volver a entrar. Este joven, a quien pude ayudar a huir esa noche, hoy tiene una hermosa familia y es pastor de una gran congregación.

> *No camines solo por lo que tú puedas sentir, mejor dale un lugar a ese toque divino, de manera que llegue a tu vida el valor de la fidelidad.*

Debemos de prosperar en la vida, pero no lo hagas sin conocer el poder de la resistencia que viene a través de la fidelidad. El que cuida y le da valor a la fidelidad, podrá resistir. ¡El fiel resistirá!

3. Conoce el valor de la generosidad (resiste con generosidad)

Hay quienes reparten, y les es añadido más; y hay quienes retienen más de lo que es justo, pero vienen a pobreza. (Proverbios 11:24)

Permíteme presentarte otro gran aliado a tu vida que te ayudará a mantener tu arco firme y tus brazos fortalecidos: la generosidad. Ella es un gran detonante que provoca que una fuerza externa llegue a tu vida para hacerte un bien. Cada vez que la practicas, le haces un bien a los demás, pero hay un bien mayor que regresa a ti. No me malinterpretes pensando en que debemos ser generosos por la recompensa, pero léeme bien: ¡cuando eres generoso, un bien mayor te ocurre!

"Mas bienaventurado es dar que recibir", estas fueron palabras del propio Jesús. La palabra "bienaventurado" significa *supremamente bendecido*. Lo que sentimos al recibir algo es muy especial. Cuando alguien pone algo en nuestras manos, especialmente en esas fechas especiales como nuestro cumpleaños o la noche de Navidad, nos hace sentir bien, amados, especiales y bien atendidos... ¡mayormente si nos gustó el regalo! Ahora, si recibir es bueno, ¿imagínate como será dar? Lo que lo vuelve extraordinario, lo que lo hace supremamente bendecido, es lo que regresa a nuestra vida de una forma sobrenatural. No solo tienes la alegría de poder dar y compartir con alguien más, sino que de formas inexplicables regresa a nosotros.

> *El alma generosa será prosperada; y el que saciare, él también será saciado.* (Proverbios 11:25)

Cuando me tocó regresar a mi país después de mi tiempo de estudios en Alemania, recuerdo que a los dos meses de haber regresado le propuse matrimonio a Carla. Habíamos logrado mantener nuestra relación por dos años a distancia, separados por un océano y siete horas promedio de diferencia en nuestros horarios. ¡Claro que sabía que ella era la mujer correcta para mí! En el deseo de querer dar lo mejor a quien amaba, yo estaba buscando un gran anillo de compromiso para proponerle matrimonio. Acababa de regresar, tenía un mes de estar trabando; pero también tenía deudas de mis estudios, entonces no tenía la posibilidad económica para pagarlo.

No sé cómo, pero como buena mujer que todo lo sabe, Carla se enteró de cómo iban las cosas. Así que ella me entregó en un papel la dirección de un joyero en el centro de la ciudad, y me dijo: "No me quiero casar con un hombre que se endeude comprando lo que no podemos tener". Ya te imaginarás lo que sentí en ese momento. No dije nada más y le hice caso. Le propuse matrimonio con un anillo de fierro bañado en oro y con un circón incrustado.

Pero ahí no quedó todo, el día de la propuesta, al sacar el anillo después y preguntar esperando el sí, me di cuenta de que la piedra ni siquiera estaba completa, ¡estaba rota! Pero sucedió lo más importante, ¡recibí el *sí* más importante en mi vida! Como ese mismo año nos queríamos casar, regresé a ese mismo joyero para comprar nuestros aros de matrimonio. Después de un par de meses de ahorrar, ya teníamos separado el dinero para comprarlos. ¡Todo estaba viento en popa! Hasta que un día que hicimos una visita a unas personas muy queridas, notamos la falta de alimento que tenían. Al terminar esa visita supimos que debíamos ayudar, pero no teníamos de dónde, solo nuestro ahorro para nuestros anillos. Decía dentro de mí: *Si no tenemos para los anillos de ese*

*joyero, pues ya el siguiente nivel serían anillos de car-
tón.* Así que decidimos usar el dinero de nuestros anillos para comprar alimentos para esta hermosa familia.

A la siguiente semana, estábamos en otra visita, almorzando en la casa de unos hermanos de la iglesia donde estaba trabajando como pastor de jóvenes. Ellos nos contaban que acababan de regresar de Israel, y que allá en Tierra Santa se habían mandado a hacer nuevos anillos de boda para ellos. Mientras la señora los iba a buscar, yo recordaba nuestros anillos de cartón, nuestra única opción. Cuando trajo los anillos y los puso en nuestras manos, el ambiente cambió en el momento que nos dijo: "Nosotros estamos bien con los aros que ya tenemos, mejor se los regalamos a ustedes para su boda". No eran de cartón, tampoco solo bañados en oro, eran hermosos. Tenían todo un labrado en hebreo con un versículo bíblico, nunca habíamos visto un anillo tan único y especial. Los tenemos hasta la fecha en que estoy escribiendo este libro, dieciocho años luciéndolos en nuestras manos. No solo tuvimos la dicha de dar alimentos a quienes más lo necesitaban en ese momento, ¡sino que recibimos los mejores anillos con los que nos pudimos casar! Es eso a lo que la Biblia llama "supremamente bendecido" y esto sucede solo cuando das con generosidad.

Ahora, una cosa es dar cuando nos nace hacerlo para esas personas que son especiales, que amamos o nos caen bien; pero otra cosa es cuando tienes que ser generoso en medio de una situación adversa, cuando la otra persona está en tu contra o ha ocasionado un gran problema en tu vida. No seas tan rápido en decir, "uy, no, olvídalo... ahí es imposible que yo sea generoso".

Acompáñame a conocer cómo la generosidad es nuestra aliada a la hora de tener que resistir la adversidad.

LINDO TU POZO... ¡PERO EL AGUA ES NUESTRA!

La generosidad es nuestra aliada a la hora de tener que resistir la adversidad.

El abuelo de José vivió en un tiempo de mucha hambre en la tierra. Cuando pidió a Dios dirección, le dio instrucciones de donde debía ir y le recordó la promesa que ya le había dado: que siempre estaría con él, que así como había estado con su padre Abraham, estaría también con él. Con el tiempo, Isaac fue prosperado en medio del hambre en la tierra. Estando en el valle de Gerar, quiso volver a abrir los pozos de agua que un día su padre Abraham abrió. Cuando la gente de Isaac abrió el primer pozo, aparecieron los lugareños de aquel valle y protestaron.

> *Los pastores de Gerar riñeron con los pastores de Isaac, diciendo: El agua es nuestra. Por eso llamó el nombre del pozo Esek, porque habían altercado con él.* (Génesis 26:20)

Esek significa contención. En el camino de la vida todos pasaremos por el valle de la contención. Después de que los pastores de Isaac hicieron el trabajo de cavar hasta encontrar el agua, entonces aparecieron los otros a decir que esa agua les pertenecía. La reacción de Isaac fue dejarles el pozo e ir por uno nuevo. Esta no es una reacción común, porque a la mayoría le va bien hasta que se meten con uno. *¡Yo no voy a permitir que se metan conmigo! ¡Que se metan con el pozo que era de mi padre! ¡El trabajo lo hicimos nosotros! ¡Claro, como ahora apareció el agua, ya creen que es de ellos!* Pero Isaac resistió con generosidad, se los dejó y fue por otro. Probablemente algunos me dirían: "Esto no es resistir, se dejó quitar el pozo". Pero permíteme avanzar con la historia. Isaac se apartó y abrió otro pozo.

Y abrieron otro pozo, y también riñeron sobre él; y llamó su nombre Sitna. (Génesis 26:21)

"Sitna" significa enemistad. Otro valle muy conocido por el que en la vida transitamos es el valle de la enemistad. Ya no eran los pozos el problema, ahora lo era Isaac. Aun cuando ahora la enemistad esté tomando lugar, se sigue respondiendo con generosidad. Isaac volvió a tomar la misma actitud, se retiró y busco abrir otro pozo.

Durante tres años fui también pastor de jóvenes de una iglesia que queda en la playa, y entonces viajaba ida y vuelta todos los viernes para predicar en la reunión de jóvenes. Durante el primer embarazo de Carla, los pastores de la iglesia, que al mismo tiempo son empresarios, me dijeron que buscara rentar una casa en la playa para no tener que regresarme tan tarde los viernes. Aquello coincidió con que un familiar estaba queriendo vender su casa en la playa, y al final de cuentas accedió rentárnosla a nosotros. Pasados los años recibimos una llamada del guardián del vecindario allá en la playa para hacernos saber que alguien había estado ahí cambiando las cerraduras de la puerta principal de la casa. Al averiguar el tema, supe que por un malentendido en la familia, habían decidido ya no darnos más la casa.

Cuando logré comunicarme para enterarme bien del tema, en medio de una confusión y voces elevadas, se me hizo saber que ya no podíamos entrar a la casa ni a retirar nuestras cosas; y como yo había pagado una renta baja, eso quedaría como aporte a los dueños. Quiero recalcar que esto nunca fue iniciativa de los dueños de la casa, y que trato de contar esta historia con el mayor respeto, cuidado, y con el debido consentimiento. Pero alguien más cercano a ellos, así lo decidió. Recuerdo salir de esa reunión familiar muy desorientado, sin saber qué le diría a Carla; ¡y mi mayor problema era que la mayoría de los electrodomésticos y muebles de la casa me los prestó mi suegra!

Fue como si de repente vinieran y dijeran: "Lindo tu pozo, ¡pero el agua es nuestra!". ¿Qué hacer en esos momentos? Recuerdo que cuando lo hablé con Carla, pasamos por esos valles de contención y confusión, pero decidimos llevarlo con generosidad. Por supuesto, tuve que hablar con mi suegra, y ella aceptó también nuestra posición, sabiendo que pronto este malentendido se arreglaría. ¿Sabes qué hicimos? Fuimos por otro pozo. Mi suegrita tenía un departamento como a veinte minutos de la playa, y con alegría y amor lo fuimos a arreglar. No tenía el mismo tamaño ni la misma comodidad, ¡pero sí teníamos el mismo amor y entusiasmo para estar ahí! Probablemente pienses que no fuimos tan inteligentes, o quizás pienses en por qué no insistimos en recuperar lo nuestro. Te comparto estas palabras de Jesús:

Haced bien a los que os aborrecen, y orad por los que os ultrajan y os persiguen; para que seáis hijos de vuestro Padre que está en los cielos, que hace salir su sol sobre malos y buenos, y que hace llover sobre justos e injustos. (Mateo 5:44-45)

También así se resiste la maldad, la adversidad o la aflicción, respondiendo con el bien, respondiendo con generosidad.

No seas vencido de lo malo, sino vence con el bien el mal. (Romanos 12:21)

En nuestra humanidad será muy difícil cumplirlo, pero cuando lo divino se encuentra con la humano, ¡te vuelves un Superhumano! Dios nos ha provisto el bien y la generosidad como un instrumento también para la resistencia. Cada vez que actuamos sobre la maldad haciendo un bien, cada vez que te tomas un tiempo para orar por quienes te persiguen o procuran tu mal, parecemos más hijos de nuestro Padre. Un Padre que no mezquina a nadie el sol, que es generoso y se los da tanto a los buenos como a los malos. Lo mismo hace con la lluvia, que la entrega también a todos por igual, a los justos como también a los injustos. Isaac se apartó nuevamente de aquel lugar, tanto del valle de la contención como del de la enemistad, y lo hizo con generosidad. Pero la historia no termina así, Isaac llegó a abrir un nuevo pozo donde no lo fueron a buscar más.

> *Y se apartó de allí, y abrió otro pozo, y no riñeron sobre él; y llamó su nombre Rehobot, y dijo: Porque ahora Jehová nos ha prosperado, y fructificaremos en la tierra.* (Génesis 26:22)

"Rehoboth" significa "lugares amplios y espaciosos", y este fue el gran lugar donde abrieron el pozo, definitivamente mejor que los otros dos, un terreno grande y espacioso. Cuando resistes con generosidad, le das la oportunidad a Dios para que intervenga y provea tu "Rehoboth". Mucha gente se queda estancada en el valle de la contención. Viven sumergidos en las continuas peleas, aferrados a una tierra, un bien material, un pensamiento o una postura que lo único que hace es debilitarte y robarte la paz. Otros se estancan en el valle de la enemistad, y ahí se quedan dolidos y resentidos, peleados con todo el mundo, y no les queda otra que vivir a través de la amargura y la desconfianza. Pero no resistas tus adversidades así, el dar, el ceder, el hacer el bien y hacerlo con generosidad siempre traerá un rédito mayor a nuestras vidas.

Es aquí donde le das lugar a que lo divino entre a tallar en tu vida. La casa donde hoy disfruto con toda mi familia en la playa es aquella donde un día me cerraron la puerta para no volver a entrar, ¡pero hoy es de nuestra propiedad! ¿Cómo, así? ¿Qué pasó? Pues Dios obró. Tiempo después los familiares dueños de la casa me permitieron ingresar de nuevo, esta vez como dueños. Nos llamaron y expresaron su deseo de vendérnosla, dejándola a un precio y plazos que estaba a nuestro alcance. Fue impresionante. Esa fue la misma casa donde en mi adolescencia obedientemente pasé mis feriados familiares sin poder ir a los retiros que organicé, ¡fue ahí mismo donde Dios me llamó a servirle y decidí estudiar teología!

Actuar con el bien siempre traerá una mejor ganancia. Y si a ese conocimiento que te hace actuar correctamente le añades dominio propio, créeme que estarás más cerca de convertirte en el Superhumano que estás llamado a ser. ¡Vamos a la siguiente añadidura!

Actuar con el bien siempre traerá una mejor ganancia.

CAPÍTULO 4

Dominio propio

*... al conocimiento hay que
añadirle dominio propio.*

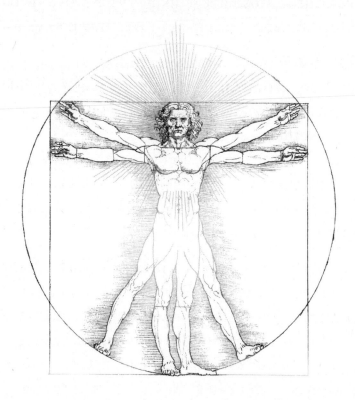

¡Qué bueno es poder adquirir conocimiento! Creo que en el capítulo anterior nos hemos dado la oportunidad de un gran aprendizaje. Pero no se puede quedar en conocimiento, no se puede quedar solo en la teoría, debe ir a la práctica, y para esto, a nuestra vida debemos añadirle dominio propio. Es la capacidad que tenemos los seres humanos de controlar nuestros pensamientos, emociones y acciones en lugar de que estas te controlen a ti. Este es otro de los regalos que Dios les ha dado a los seres humanos y los convierte en Superhumanos: el autocontrol en nuestras vidas.

Algunos con su conocimiento han llegado a la cúspide, pero el problema allí es que la cúspide suele ser muy alta, ¡y las alturas provocan mareos! Perderse en las alturas del éxito es común, por eso es vital añadir dominio propio para templar el carácter. Una célebre frase del Dr. Edwin Louis Cole dice: "El talento te puede llevar a lugares donde el carácter no te puede sostener".

Existen muchas personas llenas de fe, con obras bien hechas, donde se logra ver que tienen conocimiento; pero su falta de autocontrol echa todo a perder. Aun haciendo las cosas con conocimiento, cargadas de excelencia y con fe, todo se llega a estancar porque llegamos a perder el control.

Porque no nos ha dado Dios espíritu de cobardía, sino de poder, de amor y de dominio propio. (2 Timoteo 1:7)

No tenemos espíritu de cobardía...

Dios nos ha dado este regalo del dominio propio. Es algo que los hombres y mujeres podemos tener y ejercitar en nuestras vidas. Pero este versículo también nos aclara lo que no nos ha dado Dios. Uno de los frenos para tener el control es cuando en nuestro pensamiento está el "yo no puedo". *No puedo parar esta ansiedad; no puedo dejar de llorar; no puedo dejar de gritar; no puedo soltar este hábito que me destruye a mí y los que me rodean.* Entonces caemos en el error de ser abrazados fuertemente por la cobardía, y es ahí cuando pensamos que no podemos más.

Nos rendimos ante esta situación y le damos el control de nuestra vida, ¡pero no debe ser así! Qué bueno que vas siguiendo conmigo esta lectura. No es posible aprender a tener dominio propio rendidos al pensamiento incorrecto. La cobardía es la ausencia de ánimo y valor. Y una de las razones más importantes por las cuales no logramos tener el control de la situación es por una falta de valor propio y ánimo para lograrlo. Le damos más valor e importancia a la adversidad que enfrentamos que a la identidad que nosotros portamos. Será muy difícil aplicar dominio propio en nuestras vidas con la ausencia del ánimo y el valor.

Sino de poder...

Es por eso que enseguida se nos habla de lo que sí nos ha dado Dios: ¡un espíritu de poder! Esto nos habla de la capacidad que tienes de lograr algo... ¡tú puedes! Mientras este pensamiento no esté en ti, te será muy difícil dominar la situación. Por eso te animo a que te pares delante del gigante que te pretende dominar para que con autoridad lo puedas derrotar. ¿Recuerdas que algunas páginas atrás te conté mi crisis con los mareos que tuve que enfrentar? Todo fue diferente ese día en Colombia cuando en mis pensamientos enfrenté la situación, y dije "que pase lo que tenga que pasar, si me mata pues que sea ya". Y no me mató, me di cuenta de que fui más fuerte que mi crisis. Me encantaría decirte que nunca más se volvieron a presentar esos mareos, pero no fue así.

Lo que sí sucedió es que cada vez que se presentaban, yo me volvía más fuerte y los podía controlar. Se terminó convirtiendo en un ejercicio de valor y control en mi vida. Y creo que de esto se trata la vida, no de huirle a nuestras pruebas sino de hacerles frente. Porque no nos dio Dios un espíritu de cobardía, ¡sino de poder! Tómate un tiempo y mira qué gigante se ha levantado en tu vida que pretende acobardarte, limitarte y achicarte, ¡y no se lo permitas más! Levántate en el poder que te ha dado Dios y hazle frente hoy. Eres más grande que ese gigante porque cuentas con el poder del Señor. ¡Es ahí cuando lo divino se funde con lo humano y nace el Superhumano!

De amor...

Así como nos dio el poder, también nos da su amor. ¡Y esto es lo que nos da el valor! Qué bien nos sentimos cuando sabemos que somos amados; pero ¡qué mal nos va cuando dudamos de ser amados! Esto no es algo que aprendamos en la escuela, en la calle o en la universidad; sin embargo, es tan vital conocerlo en nuestra vida. La falta de valor se traduce en falta de amor. Cuando amas algo o a alguien, lo cuidas, te interesas, velas para que esté bien, y cuando no vemos este cuidado por parte de otros en nuestra vida, la consecuencia es formarnos sin valor. Hay que puntualizar que no está bien que lo que otros hagan o dejen de hacer determine tu valor, de lo contrario estaríamos a merced siempre de otros. Y, sin embargo, dependemos de alguna manera de los demás y vivimos entrelazados en relaciones interpersonales. Así que entregarle nuestro valor exclusivamente a los demás creo que es un error. Hay un amor propio que viene del valor que tú tienes, y eso no te lo da ningún otro ser humano, sino tu Padre celestial que te dio la vida y te formó.

> *En esto consiste el amor: no en que nosotros hayamos amado a Dios, sino en que él nos amó a nosotros.* (1 Juan 4:10a)

No se trata de que para sentirte amado por Dios, tú debas amarlo primero. No necesitas haber hecho nada para ganarte su amor, Él te ama tal y como eres, e incluso tal y como te sientes. Nuestro valor siempre vendrá de un amor; que a partir de hoy venga de ese primer amor que un día recibiste y que siempre te ha acompañado: el amor de Dios. Estoy seguro de que mientras lees estas líneas, el amor de Dios lo empiezas a sentir llenando tu corazón, inundándote de su paz, y, sobre todo, ¡llenándote de valor!

> *Hay un amor propio que viene del valor que tú tienes, y eso no te lo da ningún otro ser humano, sino tu Padre celestial.*

El amor (valor) y el poder (ánimo) juegan un rol fundamental para que el dominio propio sea parte de nuestra vida; y dependiendo de la presencia o la ausencia de cada uno, tendremos diferentes resultados:

+ AMOR + PODER = DOMINIO PROPIO
- AMOR - PODER = COBARDÍA
- AMOR + PODER = LIBERTINAJE
+ AMOR - PODER = EMOCIONALISMO

La presencia de ambos en tu vida dará como consecuencia el domino propio; pero la ausencia de los dos traerá la cobardía. Sin valor y sin ánimo no llegaremos a ningún lado, pero también debemos cuidar que en la falta de amor, donde solo hay poder, nos lleva a una vida sin control donde se termina lastimando nuestro valor. Y de la misma forma, poseer solo amor, con la ausencia del poder, termina en una vida llena de emocionalismo sin resultados. ¡Vivimos en la emoción de querer lograrlo, pero sin poder concretarlo!

Cuando sabes lo que eres (amado) y lo que tienes (poder), entonces tendrás control sobre ti.

Hablar de dominio propio es un tema muy amplio, ya que hay innumerables áreas en las que debemos ejercer autocontrol. Y al ser todos tan diferentes te vas a dar cuenta de que lo que es fácil dominar para uno, podría ser difícil para otro. Y, asimismo, lo que es difícil para ti, para el otro podría ser muy sencillo de controlar. Entonces decimos cosas como, "no entiendo por qué no puede dejar de gritar, no se controla, ¡es tan fácil cerrar la boca!". Para ti es fácil controlar tus palabras, pero probablemente para el que vocifera todo el rato le cuesta horrores. Decimos, "¿pero cómo pudo ser capaz de hacerle eso a esta persona, no tiene corazón, yo sería incapaz". Y no se trata de que esa persona no tiene corazón, simplemente no tuvo dominio propio en esa área de su vida que a ti no cuesta controlar.

Quiero llevarte a revisar tres áreas en las que todos los seres humanos diariamente tendremos que aprender a controlar. Los mayores de los problemas se originan por la falta de control de estas áreas.

> *¿Saben por qué hay guerras y pleitos entre ustedes? ¡Pues porque no saben dominar su egoísmo y su maldad! Son tan envidiosos que quisieran tenerlo todo.* (Santiago 4:1-2, TLA)

DOMINA EL EGOÍSMO, LA MALDAD Y LA ENVIDIA

Estos son los tres elementos que todo Superhumano debe dominar, ¡son la "kriptonita" de todo superhéroe! Te debilitan, te consumen y no te permiten llegar al lugar especialmente diseñado para ti.

Egoísmo. Lo primero que debo mostrarte es una realidad que todo ser humano en su naturaleza tiene: todos somos egoístas. Me encantaría decirte lo contrario y pensar que un día nos despertaremos en un mundo sin egoísmo ni maldad, pero en este mundo eso no va a ocurrir. Es más, ha sido un error pensar, "el día que dejes de ser egoísta, entonces dejaremos de pelear". ¿Cuál es la palabra que aprenden a decir los niños después de que aprenden a decir mamá y papá? Te la digo: "¡Mío!". Nadie se los enseñó, yo no he visto a ninguna mamá decirle a su hijo: "A ver mijito diga, mamá, diga papá, y ahora aprenda esta palabra poderosa: mío". Sin embargo, lo decimos hasta viejos, porque lo llevamos por dentro.

Imagínate esta situación: una mamá intenta enseñarle a su hijito (delante de otras personas) a que comparta con el amiguito el juguete, y la respuesta del hijo es un pegar un grito como si estuviera endemoniado: "¡Nooo!". ¿Te imaginas el gran problema que se arma? Y la mamá entre risas y vergüenza tiene que inventarse algo como, "es que no ha dormido, el niño ya tiene sueño". Y si se le acercan mucho para quitarle el juguete el niño no tendrá reparo en morder al otro y no soltar el juguete, defendiendo así lo que es suyo. Entonces a la madre no le quedará otra que decir nerviosamente "ay, discúlpelo, es que tiene hambre, ya es su hora de comer".

La solución no será que tú o yo no volvamos a sentir un deseo egoísta, ¡la solución es que aprendamos a dominar ese deseo! Los pleitos y las peleas vienen por la falta de dominio. Debemos aprender a dominar nuestro egoísmo.

Maldad. Lo segundo con lo que nos encontraremos será la maldad. Seguro te ha pasado que te has encontrado con pensamientos muy malos dentro de ti. Uno mismo se asusta y dice: "¿cómo puedo estar pensando esto? ¿Carlos qué te pasa?". ¿Verdad que a ti también te ha pasado? Es como cuando vas en tu carro y ves de lejos a esa persona que no te cae bien, que sabes que las trae contra ti, y tú en tu mente estás pensando: *¡Ni te me cruces porque te atropello!* Pero cuando ya la tienes al frente te dices: "¡Carlos, reacciona!". Y entonces le dices: "¡Qué gusto verte! ¿Necesitas que te lleve en mi carro? ¡Ven, sube!". Esos pensamientos de maldad se van a presentar, ¡pero los tendrás que aprender a dominar! La solución no está en que desaparezcan, sino en que puedas dominarlos.

Envidia. Y lo tercero con lo que todos también tendremos que luchar es con la envidia. Aun teniendo el corazón más noble, ese sentimiento en algún momento aparecerá. Es semejante a encontrarte con alguien que te empieza a contar todo lo increíble que le está pasando, y te dice: "No sabes, me acaban de ascender a gerente general, y fue al mes de estar trabajando". Y te das cuenta de que tú llevas un año esperando la misma promoción y todavía no te llega, pero como eres de buen corazón, te alegras por el otro. Luego la conversación sigue y esa persona agrega: "¡Y no sabes, me gané el sorteo del carro del centro comercial y apenas puse un solo cupón en el ánfora! ¡Dios es bueno!". Y te das cuenta que tú has depositado 300 cupones y ni siquiera te dieron las gracias por participar; pero como eres de buen corazón, con una noble sonrisa le dices: "Cuánto me alegro, está lindo tu carro".

A veces parece increíble, pero hay gente que en todos los sorteos se sacan carros, pasajes, televisores... y uno con su noble corazón sonríe de la emoción por otros. Pero en algún momento de la conversación se puede despertar un sentimiento incómodo, que entre risa y malestar te hará decir: "Te escucho hablar y ya hasta me da envidia *sana*". Somos muy listos, y para no sentirnos tan mal de tenerla en el corazón la hemos clasificado: existe la envidia (la pura y terrible envidia), luego está "la envidia sana"; y luego la última que escuché a unos cristianos decir: "¡Es que se me ha despertado una envidia *santa*!". ¡¿Es en serio?! Envidia es envidia; pero en vez de luchar para no querer sentirla, ¡mejor será aprender a dominarla!

"Pensé que el hombre viejo había muerto en las aguas del bautismo, pero descubrí que el infeliz sabía nadar. Ahora tengo que matarlo todos los días". —Martín Lutero

En el sistema de este mundo se nos enseña a avanzar a través de estas tres áreas. El egoísmo se ha convertido en el medio para superarnos; la maldad es nuestra arma para la defensa; y la envidia nuestra razón para lograrlo. Entonces vamos a través de estas con pensamientos egoístas como "primero yo y segundo yo", y solo estamos enfocados en nuestros propios intereses porque nadie más mirará por nosotros como nosotros mismos. Nuestra estrategia para sobresalir es excluir a los demás, pensamos que solo hundiendo a los demás podremos sobresalir. Entonces diseñamos tácticas para debilitar al otro y obtener una mayor ventaja. Llegamos a creer que tan solo deseando con todas las fuerzas lo ajeno, podremos obtener lo propio, y es así que nos encontramos sumergidos en tantos pleitos y contiendas.

> *Pero acaso no saben que hacerse amigo del mundo es volverse enemigo de Dios? ¡Pues así es! Si ustedes aman lo malo del mundo, se vuelven enemigos de Dios.* (Santiago 4:4, TLA)

Cuando nuestra forma de vivir es amar lo malo del mundo, es decir, vivir aceptando este sistema caído donde se vive a través del egoísmo, la maldad y la envidia, ¡traemos a Dios como nuestro enemigo! ¿Cómo? ¡Nadie quiere tener a Dios de enemigo!

No tiene sentido que, llevando tu matrimonio a través del egoísmo, le pidas a Dios que lo restaure. Como tampoco tiene lógica que le pidas a Dios que prospere tu economía para comprar esa casa, cuando tu deseo es por la pura envidia porque otro ya la tiene. Cuando vivimos con pensamientos como "no te dejes ver la cara", "no des tu brazo a torcer", "deja que él te busque", "ignórala, no le hables", "hazle lo mismo", "grita más alto, no te dejes", no nos damos cuenta del lío en el que nos estamos metiendo. El que ama estas cosas, es decir, el que le mete alma y corazón a esta forma de vivir, reitero, se lleva de enemigo a Dios.

UN RETO DEL CIELO

Si alguno de ustedes es sabio y entendido, demuéstrelo haciendo el bien y portándose con humildad (Santiago 3:13, TLA)

> *¿De qué manera hacemos lo que es sabio? La repuesta está muy clara: la sabiduría se demuestra haciendo el bien y portándose con humildad.*

La pregunta aquí sería: ¿de qué manera hacemos lo que es sabio? La repuesta está muy clara: la sabiduría se demuestra haciendo el bien y portándose con humildad. Si lo vemos con atención, es lo opuesto a lo que el mundo nos ha enseñado. Hacer el bien es definitivamente lo contrario a hacer el mal. No solo se trata de dominar un mal deseo, sino darnos otra alternativa para responder, y esta es el camino del bien. La sabiduría no se demuestra en lo bonito que hablemos, sino en la conducta que demostramos a diario. Portarse con humildad es lo contrario al egoísmo.

Sé que lo que estoy diciendo no es fácil, pero es preferible morderse la lengua, sentir, incluso, que vamos contra nuestros deseos al no decir lo que pensamos y, aunque no queramos, hacerle un bien a alguien que no se lo merece. Pero de esta forma mantendrás cerca a Dios en tu vida. Cada uno al final escoge quién será su enemigo.

> *Pero si ustedes lo hacen todo por envidia o por celos, vivirán tristes y amargados; no tendrán nada de qué sentirse orgullosos.* (Santiago 3:14, TLA)

Cuando descontroladamente reaccionamos entre el egoísmo, la envidia y la maldad, al final solo nos quedan dos formas de vivir. Te puedes dar cuenta de que después de haber dicho todo lo que querías entre gritos, ofensas y sarcasmos, en el momento quizás sientas que ganaste, que te saliste con la tuya; pero pasado el rato, cuando ya vuelves en ti, empiezas a pensar: *Creo que le hablé muy fuerte.*

Fui muy grosero. Creo que le saqué un diente. Y entonces una tristeza profunda te envuelve. Pero si eres de los que dicen: "Yo no derramo ni media lágrima por ese desgraciado", entonces probablemente estás viviendo con amargura.

Solo hay dos caminos: vivir tristes o vivir amargados. Una tristeza sostenida se vuelve depresión, así como una amargura deforma el carácter. Y mucha gente vive hoy así, sumergida en tristezas profundas o en problemas de carácter, y entonces nos sorprendemos y nos decimos preocupados: "Pero él antes no era así, no se portaba de esa forma"; o: "Ahora solo pasa cabizbajo o de mal genio". Este es un buen tiempo para reflexionar en cómo hemos estado viviendo y decidir tomar el reto del cielo para vivir al máximo nuestros próximos días.

El dominio propio es esa provisión divina que al ejercerla en nuestra vida nos convierte en Superhumanos, dándonos a nosotros mismos el control de lo que pensamos, sentimos y hacemos.

HAY VIDA EN LOS LÍMITES

Si ves a tu hijo correr con un cuchillo en la mano, no le vas a gritar, "¡suelta ese cuchillo, que es pecado!"; más bien le dirías, "¡suelta el cuchillo, que es peligroso!". Enseñamos a nuestros hijos que hay límites en el manejo de un cuchillo, ya que el mal uso de este podría lastimarlo. De la misma forma ocurre con el pecado. Antes de existir la ley, existían los límites. A veces esperamos a tener las conversaciones cuando ya todo está complicado, cuando ocurrió la falta, cuando se cometió el pecado.

Para entender mejor el dominio propio, tiene que haber esa primera plática que nos ayuda a tener conciencia, que nos dice qué es peligroso y nos ayuda a establecer límites. El Dr. Ed Cole decía sobre los límites que, "son para proteger la vida, no para limitar los placeres". Sin embargo esto no fue lo que pensaron los primeros habitantes del jardín del Edén.

> *De todo árbol del huerto podrás comer; mas del árbol de la ciencia del bien y del mal no comerás* (Génesis 2:16-17)

Adán y Eva se metieron en grandes líos, y con ellos a toda la humanidad, en el momento que traspasaron los límites. Dentro de los límites tenían vida, pero fuera de ellos les esperaba literalmente la muerte. El dominio propio necesita trazarse límites que deben ser respetados, entendiendo que dentro de ellos está el bienestar para nosotros.

> Se dice: «Uno es libre de hacer lo que quiera». Es cierto, pero no todo conviene. Sí, uno es libre de hacer lo que quiera, pero no todo edifica la comunidad. (1 Corintios 10:23, DHH)

Mucha gente se queda pensando en que si uno es libre de hacer lo que quiera, ya con eso es suficiente. Como uno es libre, entonces estoy tranquilo. Pero déjame llevarte más allá: aunque eres libre, la pregunta que nos debemos hacer es si nos conviene. Aunque te sea permitido, ¿te conviene? En la etapa de vida en la que estás, a lo que ahora te dedicas, según las metas en tu vida, ¿te conviene tal cosa?

En la familia tenemos unas primas deportistas de alto rendimiento. Ellas son medallistas en tiro con arco. Debido a su carrera en el deporte tienen exigencias en sus horas de entrenamiento, en su alimentación y en su descanso; eso hace que no puedan decidir su vida en función de si son libres o no de hacer algo, más bien se trata de si les conviene. Las he visto sacrificar muchas cosas que otros jóvenes de su edad pueden hacer, pero ellas no. No están en todas las reuniones familiares, no pueden estar saliendo a cualquier hora, y tampoco regresar a casa a altas horas de la noche. ¿Por qué? Sencillamente no conviene, y dentro de los límites de conveniencia ¡ahí estará su triunfo!

No te puedes poner límites solo por ponerlos, debes saber a dónde quieres llegar, qué camino deseas tomar; entonces sabrás qué tipo de límites trazar, para luego ejercer el don del dominio propio.

En casa le hemos dado una regla a nuestros hijos: no pueden tener una pareja sentimental hasta que cumplan 18 años. Han entendido que antes de esa edad no se tiene la madurez ni la visión de cómo llevar una relación sana, más bien es el tiempo de hacer muchos amigos y disfrutar la soltería. Para mis hijos, ese es su límite.

No hace mucho escuché a mi hija mayor, Emilia, decir: "Aunque yo ya puedo a mis dieciocho años tener novio, no tendré el apuro porque estaré enfocada en mis estudios universitarios y en servir a Dios. ¡Llegará cuando deba llegar!". Te cuento esto con alegría porque tiempo atrás, cuando unos amigos escucharon nuestros límites para nuestros hijos en cuanto a la edad de tener novios, discreparon diciendo: "Entonces cuando cumplan dieciocho correrán a los brazos de algún hombre porque las frenaste antes". Pero al escuchar a Emilia hablar así, y al ver a sus hermanas manifestar que piensan igual, veo que ellas no están decidiendo por el hecho de si son libres o no de hacerlo, sino más bien por si les conviene o no. Y así tratamos de educarlas junto con Carla en todas las áreas. Conocen los límites, y se ciñen a ellos porque de verdad les conviene. Y esto solo se logra cuando aplicas el regalo del cielo llamado dominio propio.

¿Qué te parece si exploramos otro elemento que te pondrá aún más cerca de convertirte en un Superhumano?

CAPÍTULO 5

Paciencia

... al dominio propio debemos
añadirle paciencia.

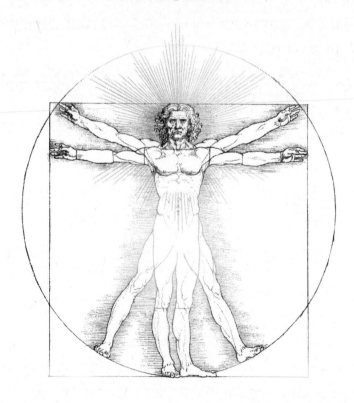

Al ejercer dominio propio nos vamos a encontrar con una realidad: hay momentos que no lo tendremos a flor de piel. Como esto es una disciplina y se trata de ejercitarla cada día, habrá días que no lo lograremos, es aquí donde al dominio propio se le debe añadir paciencia. En vez de frustrarte o ser tan severo contigo mismo por no lograrlo, te presento este principio, que asimismo es un regalo del cielo para todos: la paciencia.

La paciencia es la capacidad que lleva al ser humano a soportar contratiempos y dificultades para conseguir un bien. Es fácil tener paciencia cuando todo está fluyendo acorde a lo planificado; en esos momentos no habrá mucho que debamos soportar. Pero hay momentos en que debemos aprender a utilizar la paciencia: cuando todo se sale de lo planificado, cuando empiezan los retrasos, cuando estás atascado en el tráfico o cuando hay gente que es poco amable contigo.

> *Sabiendo que la prueba de vuestra fe produce paciencia.* (Santiago 1:3)

El pensamiento tradicional es que en una prueba lo menos que vamos a encontrar es paciencia, pero permíteme regalarte este superpensamiento: es en los tiempos de dificultad donde se produce la paciencia. Dios sabe que es ahí donde verdaderamente la necesitamos. Te invito a tomar este pensamiento en medio de lo que te toque atravesar:

¡Tendré toda la capacidad para soportarlo; esto es tener paciencia!

Este libro lo escribí desde mi casa. Tengo un escritorio en mi cuarto junto al balcón, donde la vista es muy especial porque puedo disfrutar de los mejores atardeceres. Vivimos un poco apartados de la ciudad, rodeados de vegetación. En medio del silencio, entonces, escucho los pájaros cantar, o a veces a los patos que no saben cantar, pero que también lo intentan. Cada día agradezco a Dios por el espacio desde donde puedo escribir. Cada día el cielo se pinta diferente. Escribiendo este capítulo tuve mi mejor tarde, pude salir al balcón porque tenía un cielo ligeramente nublado, con bastante viento fresco, y un atardecer que en cada minuto que pasó pintó las nubes de diferentes tonos, desde un amarillo fulgurante hasta un rojizo impresionante. Fue tan especial

¡Tendré toda la capacidad para soportarlo; esto es tener paciencia!

que se lo conté en la noche a Carla, y le dije: ¡Tuve mi mejor día para escribir!

Me encantaría decirte que los días siguientes fueron iguales, pero no. En otro momento, cuando me senté a escribir en la mañana, tocaron el timbre de la casa y entraron cuatro individuos para hacer limpieza de los muebles de la sala. Pregunté: "¿Cómo, así?". La respuesta fue: "Su esposa nos llamó". Sacaron los muebles al patio, hacia donde mira mi ventana, y luego me pareció escuchar el sonido de unas turbinas de avión, porque ese sonido no lo hace una aspiradora tradicional. No sabía si vinieron a lavar muebles o a construirlos, porque los sonidos son peores que cuando los patos intentan cantar. Y es justo en el momento cuando me tocó escribir sobre la paciencia. No se me pudo presentar mejor día que en medio de la gran tribulación para yo escribir sobre la paciencia... ¡el arte de poder soportar! Pero no me quejo, solo te lo cuento para que sepas que estas líneas fueron escritas donde la paciencia mejor se prueba. Así que mientras siguen ahí abajo en el patio en su "delicada sinfonía", yo seguiré escribiendo de la paciencia, ¡con paciencia para ti!

Del mismo modo nos sucede en la vida cotidiana, llegan "delicadas sinfonías" que la verdad son sonidos que perturban nuestra vida. Podrían ser desde pensamientos negativos que estamos abrazando, hasta una crisis económica o alguna enfermedad. Situaciones que se escapan de nuestro control, en las que solo quisiéramos que pasaran rápido; pero muchas veces no sucede así. Avanzar en medio de la adversidad, sin renegar y con agradecimiento en el corazón, habla de una paciencia correctamente desarrollada.

¡LA PACIENCIA NO ES PASIVA, SINO ACTIVA!

Corramos con paciencia la carrera que tenemos por delante. (Hebreos 12:1b)

La mayoría considera que tener paciencia es mantener una actitud pasiva o una gentil tolerancia. Al asociarlo con la espera, pensamos que es un tiempo de no hacer nada o de hacer muy poco. Vemos el tiempo de esperar como un tiempo de estar quietos hasta que nos toque nuestro turno. *Pero, Carlos, explícame... ¿cómo se corre con paciencia?* Casi todas las palabras del Nuevo Testamento traducidas como *paciencia* son palabras dinámicas y activas. Si la paciencia fuera pasiva, sería imposible correr con ella; deberíamos entonces caminar con ella. Aunque hablar de paciencia sea muchas veces hablar de espera, y a la espera se la asocia con pasividad, la paciencia no implica pasividad. La palabra paciencia en este versículo significa "permanencia". Correr con paciencia es perseverar ante las pruebas, perseverar hacia la meta, al cumplimiento de una promesa.

[Sean] imitadores de aquellos que por la fe y la paciencia heredan las promesas. (Hebreos 6:12)

Desde la fe que vimos desde el principio, hasta la paciencia sobre la que leemos ahora, todo requiere en nuestra vida un hacer, pero manteniendo la perseverancia. En el camino de la fe hasta la paciencia, es decir, donde a la fe se le añade la virtud; a la virtud, el conocimiento; al conocimiento, el dominio propio; y al dominio propio, la paciencia, ¡esta ruta te llevará a ver el cumplimiento de las promesas!

> *Correr con paciencia es perseverar ante las pruebas, perseverar hacia la meta, al cumplimiento de una promesa.*

Había una vez en un pequeño pueblo cerca de la montaña, un joven llamado Marcos, que soñaba con escalar la cumbre más alta del lugar, conocida como el Pico del Águila. Desde que era niño había oído historias sobre la majestuosidad de la montaña y la belleza que aguardaba en su cima. A pesar de las advertencias de los lugareños sobre los peligros del ascenso, Marcos estaba decidido a cumplir su sueño.

Con el corazón lleno de determinación, Marcos se preparó durante meses, entrenando físicamente y reuniendo todo el equipo necesario para la expedición. Llegado el día, partió hacia la montaña, acompañado por un experimentado guía local, don Andrés, quien lo había instruido en las habilidades necesarias para enfrentar los desafíos del camino.

La ascensión al Pico del Águila resultó ser más difícil de lo que Marcos había imaginado. El terreno era muy variable, las ráfagas de viento eran muy fuertes y las grietas en el hielo muy peligrosas, todo eso puso a prueba su resistencia y determinación. En más de una ocasión estuvo a punto de darse por vencido, pero cada vez que sentía que sus fuerzas flaqueaban, recordaba su sueño y se aferraba a la esperanza de alcanzar la cima.

Durante el ascenso, Marcos y don Andrés se encontraron con varios obstáculos, incluyendo una tormenta de nieve que los obligó a refugiarse en una cueva durante dos días. Sin embargo, en lugar de desanimarse, aprovecharon ese tiempo para descansar y reponer fuerzas, fortaleciendo su determinación de continuar hacia adelante.

Finalmente, después de varios días de mucho esfuerzo, Marcos y don Andrés llegaron a la cima del Pico del Águila. La vista desde la cumbre era impresionante, con las montañas y valles extendiéndose hasta donde alcanzaba la vista. Marcos se sintió abrumado por la emoción y la gratitud de haber alcanzado su sueño, gracias a su perseverancia.

La historia de Marcos nos recuerda que la perseverancia es clave para alcanzar nuestros sueños, incluso cuando enfrentamos desafíos aparentemente insuperables. Esta perseverancia es lo que la Biblia llama "correr con paciencia". Tomará su tiempo, a veces sentirás que quieres renunciar o verás tu meta muy lejana, ¡pero paciencia, que llegarás!

Claramente, el camino a la paciencia no se logra de la noche a la mañana, pero contamos con la provisión el cielo para lograrlo.

Claramente, el camino a la paciencia no se logra de la noche a la mañana, pero contamos con la provisión el cielo para lograrlo.

Por el gran poder de Dios cobrarán nuevas fuerzas,
y podrán soportar con paciencia todas las dificul-
tades. (Colosenses 1:11, TLA)

La historia de Marcos es aleccionadora. Y me gusta explorarla por lados que quizás no se leen en la historia, pero que podemos inferir que pasaron por su mente. ¿Recuerdas que en la historia en más de una ocasión, Marcos estuvo a punto de darse por vencido? Quiero que sepas que eso es normal en todos nosotros. Dentro de la carrera de la vida es seguro que en ocasiones fallarás en tus intentos, pero eso no te descalifica para convertirte en un Superhumano.

Esos desaciertos no deben minar las ganas de llegar al objetivo, deben motivarnos a llegar a la meta. ¿Te imaginas un camino sin desafíos? ¿Cómo podrías allí ejercitar la paciencia? ¿No son, entonces, esas situaciones difíciles las más apropiadas para dejar que la paciencia aflore en ti?

TE ACOMPAÑA A LA META Y EN LA ESPERA

Mirad cómo el labrador espera el precioso fru-
to de la tierra, aguardando con paciencia,

hasta que reciba la lluvia temprana y la tardía.

(Santiago 5:7)

La paciencia nos permite tener los ojos puestos en la meta, especialmente después de haber hecho la parte que nos corresponde, donde solo nos queda esperar. Tal como le sucede al labrador, que después de trabajar la tierra y sembrar la semilla, le toca confiar en que la tierra dará su fruto; y también tiene que confiar en que vendrá la lluvia, tanto al principio como al final. De la misma forma, hay momentos en nuestra vida que después de haber hecho nuestra parte, solo debemos esperar. Por ejemplo, al realizarnos todos los exámenes médicos, nos toca esperar hasta que lleguen los resultados. Después de una entrevista de trabajo, debemos esperar a que nos llamen. Después de haber aplicado a una beca estudiantil recopilando toda la documentación, tenemos que esperar a que nos llegue la respuesta. Después de una prueba de embarazo por laboratorio, hay que esperar a que llegue la respuesta. Es ahí donde esta frase suena mucho: "La espera desespera". Hasta que venga la lluvia y llegue la respuesta, el labrador aguarda con paciencia.

La pregunta sería, ¿cómo estás aguardando? ¿Con que estás esperando mientras llega tu respuesta? ¿Con paciencia o impaciencia?

Estamos muy expuestos a hacernos daño en este tiempo de espera. Suelen ser los tiempos más difíciles de sobrellevar, los tiempos de incertidumbre, donde no sabemos qué es lo que va a pasar. Y entonces es en nuestra espera que echamos mano de la ansiedad, la angustia, la extrema preocupación, y nos llenamos de mucho temor, que son las alternativas más rápidas y comunes que podemos usar. Pareciera que todas estas están a la vuelta de la esquina desocupadas, ¡esperando que las llamen a participar! El uso de todas ellas al final de nuestro día solo produce desesperación y nos llevan a una mayor confusión.

> *Al Señor esperé pacientemente, y Él se inclinó a mí y oyó mi clamor. Me sacó del hoyo de la destrucción, del lodo cenagoso; asentó mis pies sobre una roca y afirmó mis pasos. Puso en mi boca un cántico nuevo.* (Salmos 40:1-3, LBLA)

La solución no es solo esperar con paciencia, sino esperar con paciencia en el Señor. Y no estoy hablando solamente de esperar al final que suceda, sino de ese toque divino que nos puede sacar de donde esté metido nuestro corazón en medio de la espera. En ese tiempo de espera podemos llegar a sentirnos en un hoyo de destrucción, donde nuestros pensamientos nos han robado la paz; o sentirnos enterrados en un lodo cenagoso. Este tipo de lodo se caracteriza por ser profundo, turbio; y entre más uno se mueve, más se hunde. Pues de ese lugar donde te hayas hundido mientras esperas y de donde parece imposible salir, ¡de ahí Dios te quiere sacar! Tu espera en Dios te ayudará no solo en la meta o el resultado que esperas, sino también en tu proceso de espera.

Cuando pones tu confianza en Él, la paciencia se vuelve ese regalo divino que al aparecer en nuestras vidas nos permite soportar las pruebas, pero también la espera. ¡Es ahí cuando te vuelves un Superhumano!

Si te estuviste preguntando cómo me fue el resto de mi día escribiendo estas líneas, te lo contaré. Cuando finalmente terminaron la limpieza de los muebles (sí, con el sonido de turbinas de avión), también me acabé mi agua para beber. Pareciera que tanto escribir como hablar dan sed. Fui a la cocina por agua, y para mi sorpresa se había terminado. En mi memoria eso nunca nos había pasado, pero sucedió ese día. Llamé a Carla para preguntar por el agua y me dijo: "Justo estoy en el supermercado, ¿puedes esperar una hora?". ¿Te ha pasado que cuando estás consciente de que no vas a poder acceder a algo por cierto tiempo, como que mentalmente te bloqueas? Todos podemos estar sin beber agua una hora, pero solo basta que te lo digan y la sed se aumenta. Entonces le respondí: "Una hora es demasiado, por favor encarga a la tienda que la traigan a la casa".

Volví a escribir, pero la sed mental era más fuerte que la sed real; sin embargo, yo seguía escribiendo este capítulo de la paciencia. Llegaron de la tienda y trajeron el agua en bidones plásticos grandes, lo que era un error, porque nosotros no tenemos el dispensador. Entonces se tuvieron que regresar. Y cuando llegó la hora de almorzar, hice mi pausa correspondiente para ello y luego poder continuar. Cuando me senté a la mesa, me preguntaron si podía salir a comprar arroz, porque no había para el almuerzo. No hay problema en salir a comprar, pero ya era hora de almorzar, ¡y acaban de llegar con las compras del supermercado! En la mesa de los ecuatorianos no falta el arroz, puede faltar la carne o el pollo, pero es muy raro que falte arroz. Esto tampoco nos había sucedido, pero pasó ese día. Solo me recordaba a mí mismo: *Paciencia, Carlos... paciencia.* ¡Es entonces cuando recuerdas que eres un Superhumano!

CAPÍTULO 6

Piedad: ¡el camino a la misericordia!

A la paciencia debemos añadirle misericordia.

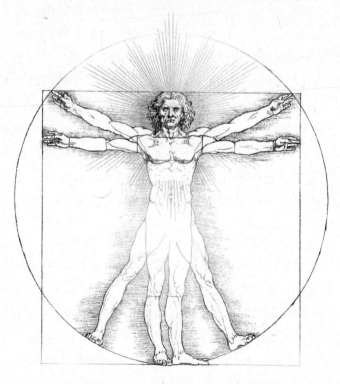

Te presento a la piedad, que en este capítulo la llamaremos también misericordia. La piedad es la expresión de la misericordia, de una acción bondadosa. La piedad necesita estar bien conectada a la paciencia. Cuando estamos expuestos a perder la paciencia, y para prevenir este suceso, debemos buscar añadir misericordia. Si no le añades misericordia al momento que te encuentras sin paciencia, vas a querer responder bajo otros parámetros, como un enojo descontrolado.

La paciencia sostenida se logra con el regalo de la misericordia.

La paciencia sostenida se logra con el regalo de la misericordia.

Es por eso la importancia de comprender la íntima relación entre la paciencia y la misericordia. Mientras la paciencia nos capacita para soportar las pruebas y las provocaciones con calma y serenidad, la piedad nos insta a comprender y perdonar a los demás, incluso cuando causan dolor y frustración.

Vivid, pues, revestidos de verdadera compasión... Tened paciencia unos con otros y perdonaos si alguno tiene una queja contra otro. (Colosenses 3:12-13, DHHE)

Un mundo ideal sería donde estemos seguros, que nadie nos ofenderá, pero ese mundo no existe aquí en la tierra. Es por eso que la necesidad de la misericordia es tan importante para coexistir en la sociedad. No solo debemos vestirnos, sino estar doblemente vestidos con esas ropas de compasión y de misericordia para con los demás. Cuando te vistes de misericordia podrás tener paciencia con otros y así perdonar también sus ofensas. Tu paciencia esta resguardada por la piedad, y la piedad se refleja en la entrega del perdón.

El Diccionario de la Real Academia Española define misericordia como "virtud que inclina el ánimo a compadecerse de los sufrimientos y miserias ajenos". ¡Eso define bien un Superhumano que sabe conectarse con lo divino!

¿Te parece común que la gente incline su ánimo a compadecerse de los demás? ¿O te parece, más bien, que la predilección va por autocompadecerse y preocuparse en demasía por sí mismo? Es una triste realidad que se acentúa cada vez más. Los amadores de sí mismos crecen; pero aquellos que se compadecen por los sufrimientos ajenos cada vez son menos.

En mi cabeza siempre resuena una porción de la Biblia que dice que "las misericordias del Señor jamás terminan, pues nunca fallan sus bondades; son nuevas cada mañana". Me preguntaba, entonces, ¿qué pasaría en nuestras familias si, reflejando esta gran característica de Dios, cada mañana se renueva la misericordia en nosotros? Quizás así tendríamos menos oportunidad de mirarnos a nosotros mismos y más oportunidades de voltear hacia los demás y regalarles un acto de amor. ¡Eso es especialmente bueno si se trata de tu familia!

MISERICORDIA: ESPECIALMENTE PARA QUIEN NO LA TUVO CONTIGO

¿Recuerdas la historia de José que te describí en el capítulo tres? Fue vendido por sus hermanos, se volvió esclavo en la casa de Potifar y luego terminó preso, pero aun ahí en prisión se volvió jefe de los presos y prosperó. Tiempo después, Faraón, rey de Egipto, tuvo un sueño que ningún sabio en su reino pudo descifrar. Entonces llamaron a José, quien ya había descifrado los sueños de ciertos presos en la cárcel. José recibe revelación y entendimiento del sueño de Faraón, quien decide ponerlo a la cabeza de gobierno y ejecutar el plan para salvarlos de aquel sueño. Egipto tendría siete años de abundancia; pero después vendrían siete años de hambruna, en los cuales José estaría a cargo de administrar durante los años de abundancia y también de guardar para poder tener durante los años de escasez.

En el tiempo de escasez el padre de José, Jacob, envió a los hermanos de José hasta Egipto para que compraran alimentos. Llegaron hasta José, quien autorizaba la venta de alimento a otros pueblos; y cuando los vio, los reconoció. Les habló groseramente, y entre preguntas trató de obtener información sobre su padre. Supo que había un hermano menor llamado Benjamín, y lleno de enojo y frustración los acusó rápidamente de ser espías y los mando a la cárcel diciendo, "uno de ustedes irá y me traerá a su hermano, y entonces comprobaré si dicen la verdad y que no son espías". Pasaron tres días y José recapacitó, y decidió soltarlos a todos, solo se quedó con uno de ellos preso hasta que regresaran con su hermano menor Benjamín. En medio de estas conversaciones, José no se contuvo más y tuvo que salir rápidamente a un lugar aparte a llorar, no quería que sus hermanos lo vieran así. Después que se calmó, regresó y ordenó mandarlos con comida para su casa, comida para el camino y el dinero de ellos, metido de vuelta en los sacos de trigo.

Si por un momento nos ponemos en el lugar de José, ¿qué hubieses sentido en esos momentos de volver a ver a tus hermanos después de tantos años? José tenía frente de él a los causantes de tanto daño y dolor, de años de sufrimiento como un preso y un esclavo. ¡Cuántas veces no habría practicado esta escena y lo que les diría! José estaba en una lucha entre sus pensamientos, emociones y acciones. Al inicio perdió muy rápido la paciencia y entonces los mandó a todos sus hermanos a prisión; pero después de tres días de una lucha muy fuerte dentro de él, volvió a tener misericordia de ellos, los sacó de la cárcel a todos menos a uno y los mandó de regreso a casa con provisión.

¡Qué difícil es tener misericordia de quien no la tuvo contigo! Porque sentir compasión por quien ha respondido bien o igual con uno, definitivamente hace más fácil de responder de la misma manera, haciendo un bien. Pero mucho más difícil es tener misericordia de quien amas, pero que quizás te traicionó de una forma muy dura. Este es otro nivel de acción, parecería que no hay más opción que resignarse y que es imposible llegar a pensar en la reconciliación. Pero hoy aprenderemos que la misericordia se vuelve una provisión divina cuando aparentemente todo se perdió, desde la paciencia hasta el amor. Hoy sabrás que aún existe un camino a la restauración.

Pasó un tiempo hasta que los hermanos de José convencieran a su padre Jacob de que les permitiera regresar a Egipto con Benjamín, el hermano menor, para recuperar a su otro hermano llamado Simeón, tal como José se los había pedido. Los alimentos que llevaron los hermanos se les acabaron y ya no tenían qué comer, y no fue hasta ese momento que Jacob, lleno de aflicción, aceptó mandar a Benjamín con el resto de sus hermanos para traer más comida y así recuperar a Simeón. Jacob, angustiado hasta la muerte por no querer perder otro hijo más (recordemos que hasta ese momento él creía haber perdido a José), pensaba que ahora podría perder a Benjamín. Entonces mandó a sus hijos con presentes para aquel varón de Egipto, en agradecimiento por la comida que les mandó y no les cobró.

Cuando llegaron al palacio, los hermanos se presentaron delante de José, el vio a Benjamín y enseguida ordenó que los llevaran a todos a su casa para comer. Llegada la hora de los alimentos, apareció José para ver a los hijos de Jacob (sus hermanos) y preguntó: "Su padre, el anciano que la otra vez me contaron, ¿cómo está? ¿Todavía vive?". Y le respondieron que sí, que vivía, y entonces se inclinaron ante él en reverencia. La tensión en aquella casa era muy fuerte. Sus hermanos no entendían lo que sucedía y temían por sus vidas, especialmente por la de Benjamín, porque ellos no querían ver sufrir otra vez a su padre como ocurrió la primera vez con el engaño de la muerte de José.

José estaba con un nudo en su garganta y un corazón palpitando a mil, y en ese momento alzó sus ojos y vio a su hermano Benjamín, que a diferencia de los otros, era hijo de su misma madre. Entonces preguntó: "¿Es este su hermano menor de quien me hablaron? —y dijo—: "Dios tenga misericordia de ti, hijo mío". En ese mismo momento, al conocer a Benjamín, no se contuvo más y salió corriendo a su cuarto, para que nadie pudiera ver su quebranto. Fue en su cuarto que lloró y lloró hasta que se calmó. Luego se lavó la cara y volvió a salir al encuentro de sus hermanos con quienes pasó la tarde bebiendo y alegrándose.

Parecería que todo estaba bien, hasta que José habló con su mayordomo para ponerles una trampa. Ordenó que les llenaran los sacos de sus hermanos con alimento, que les devolvieran su dinero poniéndoselos en los mismos costales, pero que en el saco del menor le pusieran la copa de plata que usaba José para beber.

¿Cómo es posible estar tan bien y alegrándose con aquellos a quien después planeas culpar injustamente con un engaño? La ausencia de misericordia siempre nos conducirá a malos resultados. José estaba cegado en medio del enojo y la confusión, estaba perdiendo la razón.

El problema no es el enojo, sino el enojo descontrolado.

Una vez que sus hermanos salieron de la ciudad, José ordenó a su mayordomo alcanzarlos y dar paso a su plan de venganza, atrapar a Benjamín y verlos sufrir a todos.

> *Si se enojan, no permitan que eso los haga pecar. El enojo no debe durarles todo el día.* (Efesios 4:26, TLA)

El problema no es el enojo, sino el enojo descontrolado. Todos nos llegamos a enojar; pero un enojo sostenido es una puerta abierta para pecar. Al mantenernos enojados, entonces decimos o hacemos cosas fuera de nuestro control, impulsadas por una ira descontrolada, donde, al final, cuando ya entramos en calma, nos damos cuenta del gran desastre que armamos.

El enojo no viene por la compasión, sino por la ausencia de ella. Y así sucedió con nuestra historia, donde el enojo sostenido se volvió a apoderar de José.

Al descubrir que entre los costales de ellos estaba la copa de plata del gran José, entonces los apresaron y los trajeron de vuelta al palacio. Los hermanos estaban atónitos por lo que les sucedía, porque ninguno de ellos había tomado la copa del varón egipcio. Sin embargo, José les dijo que aquel en cuyo costal se encuentre la copa, se volvería su siervo, y el resto se podría regresar. Esta decisión puso muy mal a todos los hermanos porque solo recordaban las palabras de su padre Jacob, quien dijo que después de perder a José, tener que perder a Benjamín no lo soportaría, moriría. Nuevamente todo el ambiente se llenó de tensión y desesperación hasta que Judá, el hermano mayor, pidió tener una palabra aparte con el varón egipcio, José.

Judá le explicó toda la historia de dolor que su padre sufrió con la pérdida de su hermano José y que no lo soportaría otra vez. Entonces Judá le pidió que le permitiera a él tomar el lugar de siervo, y que soltara a Benjamín para que regrese a casa con su padre. ¡Qué momentos tan duros vivió José! Probablemente pensaba, *¿por qué no lo decidieron así conmigo? ¿Por qué no pensaron en el daño que a mí y a mi padre nos hicieron? ¡Todo esto se pudo haber evitado!*

Este es el momento clímax de esta historia. Ya los hermanos no podían más en su angustia, ¡pero tampoco José podía ocultar más su identidad! ¡Algo tenía que pasar en los próximos minutos en aquel lugar!

Y de repente, sucedió lo extraordinario de esta historia. José no aguantó más y ordenó a todos salir de aquel lugar, quedándose solo él y sus hermanos. Dice la historia que en ese momento se quitó sus prendas egipcias y se dio a conocer a sus hermanos y les dijo: "¡Yo soy José!". Inmediatamente lloró tan fuerte, que su llanto se escuchaba como gritos en todo el palacio, e incluso llegó hasta los oídos del propio Faraón. Sus hermanos no podían articular una sola palabra, estaban paralizados ante la presencia de su hermano, viendo al hombre más importante en la tierra de Egipto después de Faraón.

En ese momento, José les dijo: "Yo soy su hermano José, acérquense. Yo soy quien ustedes vendieron a Egipto, pero no se preocupen ni se lo reprochen. ¡Dios me envió aquí antes que ustedes, para que les salve la vida a ustedes y a sus hijos! No fueron ustedes los que me enviaron acá, sino que fue Dios quien me trajo. Él me ha convertido en amo y señor de todo Egipto y en consejero del rey. Así que regresen pronto a donde está mi padre y díganle de mi parte que Dios me ha hecho gobernador de todo Egipto, y que venga acá enseguida. Que todavía quedan años de hambre y que yo voy a cuidar de él".

Luego de hablar, se echó sobre el cuello de Benjamín y lloraron los dos abrazados. Luego besó a cada uno de sus hermanos y lloró junto a ellos.

¡Qué gran lección de misericordia! José no solo perdona a sus hermanos, que tanto daño le habían hecho, sino que también los vuelve a unir en armonía con su padre, Jacob, restaurando así la unidad y la paz en su familia. Este acto de reconciliación es un ejemplo poderoso de cómo la misericordia puede sanar relaciones rotas, y cuán importante resulta añadir afecto fraternal a todo lo que hagamos.

¿Exploramos el afecto fraternal?

CAPÍTULO 7

El afecto fraternal: ¡nos necesitamos!

*A la misericordia debemos
añadirle afecto fraternal.*

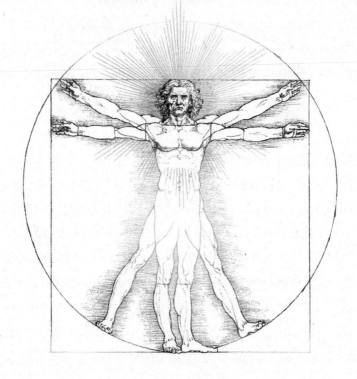

La misericordia está directamente alimentada por el afecto que yo pueda sentir para con otros. Entre más sentimientos afectivos tenga para con una persona, mayor misericordia le voy a tener. Es por eso que a la misericordia le debemos añadir el afecto fraternal. El amor fraternal es aquel que piensa en el bienestar de la otra persona anteponiendo sus intereses propios. Este es uno de los mejores regalos que hemos podido recibir, porque es el puente que nos permite relacionarnos con los demás. Cuando llegamos a sentir un afecto especial, por ejemplo, nos agrada la persona, nos sentimos a gusto platicando, nos divertimos, la pasamos bien, ahí se entabla una relación más personal y con oportunidades de tener una muy buena amistad que perdure en el tiempo. Al final, ¡a nadie le gusta estar solo!

Si por un momento te llevo a la creación de la tierra y el hombre, nos vamos a encontrar en la narración que cada vez que Dios creaba algo se dice: "Y vio Dios que era bueno". Cuando creó la luz, se dice: "Y vio Dios que la luz era buena". Al juntar las aguas y llamarlas mares y a lo seco tierra: "Y vio Dios que era bueno". Y así con cada cosa que fue creando cada día. Pero al crear al hombre y ponerlo en el Edén, fue ahí que por primera vez Dios, usando palabras muy parecidas, dijo totalmente lo opuesto: *"No es bueno* que el hombre esté solo". Hasta antes de ese momento, todo lo había visto bueno, pero la primera vez que ve algo que no era bueno fue al contemplar al hombre y verlo solo.

Lo interesante es que en vez de darle una dupla para su vida, primero le dio una tarea por delante. Puso a los animales de la tierra y a las aves del cielo para que Adán les pusiese un nombre a cada uno, pero al final de esta gran tarea la narración concluye diciendo: "Más para Adán no se halló ayuda idónea para él". Jamás la tarea podrá remplazar la necesidad del afecto fraternal. Podrás tener mucho amor por lo que haces, mucho entusiasmo en tu actividad, pero jamás una tarea podrá remplazar a una persona con quien disfrutar del afecto fraternal. Y qué interesante que antes que de que Adán tenga una persona igual a él, debió entender que en ninguna otra tarea o actividad encontraría lo que en Eva descubriría.

> *Podrás tener mucho amor por lo que haces, mucho entusiasmo en tu actividad, pero jamás una tarea podrá remplazar a una persona con quien disfrutar del afecto fraternal.*

No deseo desviarme con este ejemplo de Adán y Eva al centrarme en una relación amorosa, donde aparte del amor fraterno también está presente el amor *eros*, que nos habla de una atracción física y sexual; sino lo que quiero es resaltar la necesidad que tenemos todos de sanas relaciones interpersonales, con afecto fraternal, donde tenemos el deseo de querer ayudar al otro sin estar pensando en nuestros propios intereses por el puro afecto que sentimos hacia el otro, donde más importante es el quién y no el qué. ¡No importa qué hagas, sino primeramente quién eres! Adán entendió desde el principio que jamás una tarea supliría su soledad, sino la oportunidad de relacionarse con alguien igual a él. Fue entonces que Dios, llevándolo a un sueño profundo, de su costilla formó a Eva, quien se convirtió en la mujer de su vida, su compañera de camino.

UN SUPERHÉROE NUNCA LO HA LOGRADO SOLO

Para poder llegar más alto y trascender en la vida, no se trata únicamente de cuánto poder o habilidades tengamos, se trata de quién nos acompaña en la vida para lograrlo. ¡Convertirte en un Superhumano se logra con la presencia e influencia de las personas a tu alrededor! No existe en la historia un superhéroe que caminó siempre solo, ¡algo o alguien estuvo siempre cercano! De mis héroes favoritos más actuales esta el *Capitán América*. Desde sus comienzos tuvo su amigo que siempre lo acompañó, y aun varias veces lo defendió, *Bucky Barnes*. Cuando Steve Rogers (el *Capitán América*) no estaba potenciado por el suero del supersoldado, era *Bucky* quien lo sacaba de aprietos. Con el tiempo los roles se invirtieron, y vemos al *Capitán América* haciendo lo suyo para con *Bucky*. Y aun después de que *Bucky* fue capturado por *Hydra* para volverlo el Soldado del Invierno, el *Capitán América* no dejó de proteger y salvar la vida de su amigo, su dupla desde la infancia. No lo dejó hasta que *Bucky* lograra recuperar su memoria y regresar a su lado.

Los logros y hazañas que obtienes seguramente traen un sentimiento de confort a tu corazón, pero cuando ves que las personas que amas logran sus metas gracias al aporte que les brindaste, ese sentimiento es aún más gratificante. Las relaciones interpersonales siempre serán fáciles, habrá desacuerdos, pleitos y hasta contiendas, pero no por eso el amor entre los amigos debe acabar. Se suele decir que los amigos son para toda la vida.

Recordando la batalla en que *Bucky*, trastornado totalmente, intenta aniquilar a su amigo de infancia, vemos cómo la amistad y lealtad de *Capitán América* fueron superiores y jamás se puso contra su amigo, antes prefirió perder su vida creyendo que su amigo podía volver en sí, lo que al final ocurrió cuando vemos a *Bucky* rescatando del agua a un *Capitán América* inconsciente.

Date un tiempo para reflexionar respecto a ese amigo que con el paso de la vida ya no está más a tu lado, o que tal vez algún desacuerdo los distanció. Seguramente añoras en tu corazón el volver a tener esa relación. Nunca es tarde para retomarla, llama a ese amigo, búscalo e invítalo a tomar una taza de café, seguro descubrirás que aún tienes muchas experiencias que vivir junto a él.

Cuando la gente me pregunta cómo he logrado sobresalir e influenciar la vida de las personas, o cuando me preguntan cómo me he podido sobreponerme ante las diversas pruebas que he pasado, mi respuesta es, "tengo un *Bucky*, un *Ironman*, un *Thor*, un *Hulk* (todos necesitamos uno de estos en el equipo), un *Spiderman* y muchos más... ¡pero la clave está en que nos tenemos afecto fraternal! Más allá de nuestras diferencias, ¡nos une el amor de amigos que hay entre nosotros! Nos interesa nuestro bienestar común, que cada uno esté bien, nos preocupamos los unos por los otros. Está demás que te preguntes cuál superhéroe soy yo, ya debiste darte cuenta de qué estás leyendo al *Capitán América*. Solo que si me conoces en persona, te verás que todavía sigo en la búsqueda de ese suero potencializador... je, je, je.

¿Cuál es tu dupla favorita? ¿*Supermán* y *Luisa Lane*? ¿*Luke* y *Obi-Wan*? ¿*Batman* y *Robin*? Los verdaderos superhéroes siempre necesitan de alguien más. Siempre necesitarás una "Liga de la Justicia" que te acompañe.

El rey Salomón lo puso en esta frase: "Dos son mejor que uno". Siempre va a ser mejor transitar los diferentes caminos de la vida de la mano de alguien. Ya sea tu pareja, tu amigo, tu socio, tu familiar, tu colaborador. También el sabio rey da cuatro razones por las que es mejor caminar de a dos.

> *Siempre va a ser mejor transitar los diferentes caminos de la vida de la mano de alguien.*

1. **Cuando trabajas en equipo tienes mejores resultados.** Cuando te esfuerzas por lograr objetivos, dependiendo solo de tus fuerzas, tendrás

buenos resultados; pero cuando trabajas con alguien más, te darás cuenta de que esos resultados se potencializan.

2. **Cuando caminas con un compañero, sabrás que cuando cayeres tendrás alguien que te levante.** Tu amigo es esa persona de la cual no te tienes que cuidarte todo el tiempo, tienes completa confianza en él y sabes muy bien que él cuida tus espaldas.

3. **Cuando dos duermen juntos, se pueden calentar mutuamente.** Mas allá del hecho mismo de dormir, por supuesto, lo podemos entender como esa atmósfera cálida y armoniosa para habitar. Un ambiente cálido habla de respeto, honra, aprecio, cariño y buen trato en todo tiempo; todo esto es muy necesario para el alma. Necesitamos esa persona que nos afirme y nos recuerde que somos amados.

4. **Cuando caminamos en pareja, siempre tendremos quien nos defienda.** Si alguien se levanta en nuestra contra, tendremos quien resista junto a nosotros. Cuando batallamos solos nos cansamos, pero cuando sabemos que alguien más peleará por nosotros, las fuerzas se multiplican.

EL AMOR FRATERNO DE UN AMIGO

Nadie tiene mayor amor que este, que uno ponga su vida por sus amigos. (Juan 15:13)

Soy el segundo hijo de cuatro hermanos. Mi hermano mayor y yo compartimos toda nuestra niñez y juventud juntos. Tengo los mejores recuerdos de haber compartido con él. Al ser una familia grande, nos tocó compartir la habitación. ¡Siempre fuimos una buena dupla! Yo desordenaba; él ordenaba. Lo que yo perdía; él lo encontraba. Y cuando por alguna razón, mamá faltaba y yo la necesitaba, él estaba ahí para dar soluciones. Cumplía muy bien su papel de hermano mayor, ¡se lo agradezco tanto! Recuerdo que mis primeros días en la escuela fueron muy difíciles para adaptarme. Me ponía muy nervioso y eso hacía que mi estomago se viera afectado pronto. De repente me daban ganas de ir al baño, por lo que debía salir corriendo para que no sucediera un caos. Pero un día, sí ocurrió.

Yo tenía siete años cuando una mañana se convirtió en mi mayor pesadilla. Por cuestión de segundos no llegué al baño a tiempo. Estábamos en exámenes y en medio de mis nervios no llegué al sitio correcto. Con todo lo que me pasó no pude salvar mi calzoncillo, pero tampoco podía dejar la evidencia en ese lugar. A mi corta edad, desesperado, me preguntaba, "¿qué hago?". No estaba mamá para que se hiciera cargo; pero a falta de ella, estaba Galo, mi hermano mayor.

No me pregunten por qué lo hice, sencillamente me metí el calzoncillo medio lavado en el bolsillo y fui hasta el aula donde estaba mi hermano. Toqué la puerta, le pedí permiso a la profesora para que mi hermano saliera un ratito, y cuando se acercó a la puerta, yo inmediatamente saqué de mi bolsillo mi bomba y se la puse en su mano, me di la media vuelta y salí corriendo. No le di explicación, pero él, como buen hermano mayor, enseguida lo captó. Si yo tenía siete años, él tenía ocho en ese tiempo. Galo se quedó con mi calzoncillo sucio en la mano y se regresó disimuladamente hasta su lugar, donde decidió guardarlo en su mochila. Fue cuestión de pocos minutos que ese olor se hizo presente en la clase por todo el día. Por supuesto que él nunca dijo nada, y aguantó junto a los demás ese olor a podrido que cada vez se intensificaba más. ¿Quién es capaz de hacer algo así por ti? Solo un amigo que sabe amar. Ese día, Galo tomó mi lugar, llevó la vergüenza por mí. Y ese es el amor fraterno, dar la vida por los amigos. Esa es una de las tantas historias que podría contar. ¡Él fue mi primer verdadero amigo! ¡Mi dupla! Hoy en día trabajamos juntos, sigue siendo ese amigo fiel que cuida y vela por lo que Dios nos ha dado.

> *En todo tiempo ama el amigo, y es como un hermano en tiempo de angustia.* (Proverbios 17:17)

En la vida también encuentras esos amigos que se vuelven como hermanos. Te quiero contar de uno de ellos. Lo conocí a mis 14 años, cuando daba mis primeros pasos en el ministerio musical y también en el liderazgo juvenil de la iglesia. Al ser él seis años mayor que yo, siempre tuvo la figura de hermano mayor. El me regaló mi primera Biblia cuando empecé a predicar, y en ocasiones especiales hasta me llevó como un padre al peluquero para que cortaran mi cabello. Varios años de mi adolescencia, él fue mi pastor de jóvenes, y yo fui su dupla para todo lo que el necesitó.

Fue en ese tiempo que yo organizaba los retiros de jóvenes, cuando él era mi pastor. ¿Recuerdas que al final no pude ir a ninguno? Con el paso del tiempo tuve la oportunidad de ser el pastor de jóvenes, y él se volvió el pastor de alabanza; sin embargo, siempre estuvo cerca de mí para ayudarme y darme un consejo. Su amistad ha sido vital en todo mi crecimiento. Que no te suene cursi esto, pero nos casamos el mismo año, él se casó con su novia en agosto y Carla y yo en diciembre. Pasado el tiempo, sin planearlo, nuestras esposas quedaron embarazados casi al mismo tiempo, y así nacieron nuestros primogénitos, Emilia en junio y el varón de ellos en julio.

Un amigo que te ama te lleva a cumplir los propósitos de Dios en tu vida. Cuando dimos el salto en fe de fundar Casa de Fe, lo hicimos con ellos, ¡porque él era mi dupla! Dios lo usó mucho a él para darnos el ánimo y la palabra de Dios que necesitábamos para emprender esta aventura.

Un amigo que te ama te lleva a cumplir los propósitos de Dios en tu vida.

Hay momentos que lo que miran tus ojos no es lo que cree tu corazón, y entonces te llegas a desanimar; ¡pero es ahí donde el amor de un amigo llega a levantarte!

No fueron días fáciles, más bien fueron días de incertidumbre al caminar exclusivamente por la fe. Recuerdo que para dar este gran paso, ambos renunciamos a nuestros trabajos de pastor en la iglesia donde estábamos, y con la bendición de nuestro pastor salimos literalmente a la nada, ¡solo con una palabra que habíamos recibido en oración! Pero para mi amigo esa palabra fue suficiente para impulsarme a creer que todo saldría bien.

El amor de un amigo no mira por lo suyo propio, sino también por lo del otro. Recuerdo el momento que tuvimos que decidir quién sería la cabeza de la iglesia, y nuestra discusión era que cada uno quería que el otro lo fuera, y no por una actitud evasiva a la responsabilidad o desprecio al puesto, sino más bien por amor y consideración al otro. No tendría yo problema de ser segundo al lado de él, ya lo había hecho por muchos años y nos fue muy bien. En esos días me habló a solas, y mirándome fijamente a los ojos me dejó saber su decisión. Él quería que fuera yo, así lo sentía de parte de Dios, ¡y sabía que él siempre estaría a mi lado! Él, un hombre extraordinario, ha cumplido su palabra hasta el día de hoy, ya son 15 años de Casa de Fe, y junto a su familia son un pilar fundamental en nuestras vidas, en nuestra casa y en el ministerio. Agradezco a mi dupla, Moisés, a su linda esposa y sus increíbles hijos, quienes son los primos de mis hijos.

Tener amigos que aman de verdad es una bendición y un regalo de Dios. Abre tu corazón a relacionarte, ríe y disfruta con tu amigo, porque también necesitamos un grupo de personas donde podemos ser tal y como somos, sin cargos, sin etiquetas. ¡Tengo la bendición de tener un grupo así de amigos! Soy pastor de una iglesia, pero algunas veces soy simplemente "Carlos" para un grupo especial, muy cercano a mí. Y en ese momento no estoy dando mensajes ni dando directrices para que esto o aquello camine mejor. También me divierto con mi familia, voy a la playa, construyo castillos de arena, me quito la camiseta y juego pelota en la orilla del mar con los míos.

¡Y eso no deja de llamar la atención de quienes solo me conocen como pastor y me ven en la playa mostrando mi porte atlético! Me miran y dicen, "Ay, pero si ese es el pastooor". Sí, ese mismo soy yo, fortaleciendo la parte relacional que todo Superhumano debe tener y no descuidar en ningún momento.

Te desafío a que seas tú ese amigo en cuyas manos se encuentra el milagro de alguien más. Sé tú ese amigo que acompaña, cree, ríe y trabaja por cumplir los sueños de quienes Dios puso a tu alrededor.

EL AMOR FRATERNO
DE UN MENTOR

El apóstol Pablo nos relata del amor fraternal de un mentor. Es lo que él sentía hacia la iglesia de Tesalónica, y lo expresa de la siguiente manera:

Antes fuimos tiernos entre vosotros, como la nodriza que cuida con ternura a sus propios hijos. Tan grande es nuestro afecto por vosotros, que hubiéramos querido entregaros no solo el evangelio de Dios, sino también nuestras propias vidas; porque habéis llegado a sernos muy queridos. (1 Tesalonicenses 2:7-8)

No existe Superhéroe sin un mentor. Todos en la vida necesitamos de un mentor, el que tiene un rol de guía, maestro, y esa voz de sabiduría que da rumbo a nuestra vida. Todo hombre exitoso es el eco del consejo de alguien más, de su mentor. Cada superhéroe tiene en su historia a uno o varios mentores que han dejado una huella en sus vidas. En el caso de *Capitán América* fue el Dr. Abraham Erskine, quien inventó el suero del supersoldado. Erskine vio el potencial de Steve Rogers y lo eligió por su carácter y valentía.

Todos en la vida necesitamos de un mentor, el que tiene un rol de guía, maestro, y esa voz de sabiduría que da rumbo a nuestra vida.

Un mentor reconoce tus fortalezas y te lleva a desarrollarlas para alcanzar tu máximo potencial.

Te ayuda a desarrollar habilidades que son esenciales para tu crecimiento. En necesario, entonces, que te comprometas a escucharlo, observarlo y obtener de él lo mejor que tiene para entregarte: su experiencia, su apoyo, su guía, su consejo y también su retroalimentación. Este compromiso no está basado en lo que el mentor pueda recibir, sino en lo que tú sabes que puedes aprender de él. Se podría decir, entonces, que te comprometes contigo mismo a ser leal a tu mentor y a sus enseñanzas.

Yo soy el resultado del amor fraterno de mis mentores que a lo largo de mi vida y en diferentes temporadas han sido parte de mi caminar. Cada uno ha sido diferente, pero han aportado sus enseñanzas clave para mi desarrollo.

Un mentor es más que un consejero. De un buen consejero puedes recibir recomendaciones para alguna situación en particular en la que necesitas asesorarte; pero un mentor te modela un estilo de vida que deseas imitar. A la hora de buscar un mentor a quien seguir o imitar, no te fijes solo en lo que enseña, sino también en su forma de vivir. Podríamos decir, entonces, que el mentor estará para guiarte en todos los ámbitos en lo cuales te desenvuelves. Te ayudará a desarrollar tanto habilidades técnicas como competencias personales, llevándote así a un crecimiento integral.

Reconocer que necesitamos un mentor es cuestión de una actitud humilde del corazón. No "las sabemos todas", siempre habrá alguien que va delante, que ya transitó por el camino que tú andas hoy.

A lo largo de la Biblia vemos diferentes ejemplos de grandes hombres de fe que tuvieron mentores, quienes les guiaron a alcanzar sus propósitos. Vemos en la historia de Moisés con su suegro Jetro una relación de mentoreo. Jetro era sacerdote o príncipe de Madián, y había acogido a Moisés en su familia todos los años que él estuvo en el desierto antes de liberar al pueblo de Israel de la esclavitud en Egipto. Pasado el tiempo, cuando Israel ya había sido liberada y estaba rumbo a la tierra prometida, Jetro visitó a Moisés y lo encontró con la carga de juzgar y resolver todas las disputas del pueblo. Jetro observó como él se sentaba desde la mañana hasta la noche para escuchar y resolver los problemas del pueblo. Jetro pudo reconocer el agotamiento de Moisés, pero también pudo ver la ineficiencia en este sistema. Jetro le ofreció un consejo práctico y sabio. Le sugirió que levantara jueces que lo ayudaran con la carga; pero también le enseñó cuáles actividades sí debía mantener como líder.

Moisés, conociendo la sabiduría de su suegro, implementó el sistema sugerido y nombró líderes sobre grupos de mil, de cien, de cincuenta y de diez personas para juzgar los asuntos menores, dejando los asuntos más difíciles para resolverlos él.

Reconocer la necesidad de un mentor es de sabios. No siempre las mejores ideas las tenemos nosotros. Dios te ha capacitado con sabiduría; pero siempre habrá alguien que tiene más experiencia que tú. La sabiduría radica en reconocer que alguien más tiene la guía que yo necesito para desempeñarme más eficientemente.

¡UN MENTOR TE HACE CRECER!

Busca en un mentor que aparte de tener experiencia, te ame y crea en el llamado de Dios para tu vida. Un mentor que ama no reserva los secretos de su éxito solamente para sí mismo, sino que está presto a darlos también para tu crecimiento, porque el amor no es egoísta. El mentor tiene fe para creer en tus proyectos y metas. Un mentor es quien busca entre su bagaje de recursos, conocimientos y experiencias, eso que te hace falta en el momento indicado. No se trata de la cantidad de tiempo que pasas con él, sino de la calidad del tiempo cuando están juntos.

Si tu mentor siembra en ti amor, lo que te corresponde dar a ti es honra. Respeta a tu mentor, respeta sus enseñanzas, exprésale tu gratitud, reconócelo en público y sigue sus consejos.

Una relación de mentoreo requiere cercanía y rendición de cuentas. Sé sincero con él, no le cuentes solo tus victorias sino también rinde cuentas de tus desaciertos, seguro en medio de la vergüenza encontrarás apoyo y una mano amorosa que te levantará.

Una relación de mentoreo requiere cercanía y rendición de cuentas.

A medida que creces en la vida, sé tú también un apoyo para otra persona, muéstrale que la relación es mutuamente beneficiosa. La relación de mentoría no tiene por qué detenerse, en lo posible mantén una relación de por vida.

Yo soy el resultado del amor fraterno de mis mentores que a lo largo de mi vida en diferentes temporadas han sido parte de mi vida. Cada uno diferente, pero han aportado sus enseñanzas clave para mi desarrollo.

Déjame contarte una historia. Hace quince años tuve con mi esposa el gran privilegio de conocer a una pareja de esposos, a quienes de una forma muy particular llegamos a sus vidas y empezamos una amistad que ha revolucionado nuestra vida y ministerio. En el año 2009, durante los comienzos de nuestra iglesia, nos enteramos que este pastor, quien hoy es mi mentor y pastor, llegaría a la capital de Quito para celebrar los diez años de un evento que se realizaba a nivel Latinoamérica. Un amigo en común me habló de que el pastor estaría en tránsito en Guayaquil por un par de horas y que los acompañara a almorzar. Recuerdo que ese día compartí por primera vez la mesa con él, y una de las cosas que me impresionó es que me trató con mucho respeto, incluso me pidió me sentara en la cabecera de la mesa.

En ese momento, yo era un joven pastor de 27 años que hace unos pocos meses atrás había empezado con su iglesia, y de repente estaba sentado a la par de un hombre muy importante, pastor de una de las iglesias más relevantes de nuestro continente, con el programa cristiano más visto de habla hispana, que venía a celebrar los 10 años de un ministerio de sanidades y milagros que llenaba estadios en toda Latinoamérica. Recuerdo que él estaba con una camiseta, jeans y una actitud bien relajada, ¡y se sentó a la mesa interesado en conocerme! Yo estaba con una sonrisa que delataba mi entusiasmo y mis nervios, por lo que apenas pude comer, pero ese día recibí mi mejor alimento que mi alma pudo aprender: me habló de la fe. Me enseñaba con tanta pasión, que literalmente quedé lleno de tanta sabiduría, ¡y desafiado aún más a vivir por la fe! Me invitó a Quito para ser parte del equipo de servicio ese fin de semana, y con la ayuda de unos amigos que costearon nuestros boletos pudimos asistir. Apenas estábamos empezando la iglesia, teníamos poco. Te puedo decir que esos días en Quito vimos milagros, donde fue Dios quien proveyó sobrenaturalmente para nuestros gastos.

Al regresar a Guayaquil me encontré con uno de los acompañantes del pastor que había conocido ese día del almuerzo, y me cuenta que por temas de documentación deberían permanecer en el país por los próximos días. El pastor estaba por aterrizar en Guayaquil, así que decidí esperarlo para ver en qué podría ayudar. Ya no estaba ningún organizador del evento con ellos porque todo sucedió en Quito. Recuerda que él solo estaba en tránsito en Guayaquil, pero ahora este tránsito duraría tres días. Cuando el pastor se enteró de la noticia, propuso a su esposa visitar las Islas Galápagos, y ella respondió que sí. ¿Y a quién crees que tenían al frente para organizarlo? ¡A mí! Yo nunca había ido a las islas. No tenía para volar y hospedarme en Quito el fin de semana... ¡y ahora tenía el reto de llevar al pastor y a su esposa a nuestras islas encantadas! Cuando muy amablemente me preguntaron si los podía ayudar a organizar, sin dudarlo les dije que sí. Mis palabras sonaron muy seguras, como si fuera agente de turismo en las islas.

Cuando se me pasó la emoción, me di cuenta del aprieto en el que estaba. No conocía las islas ni tampoco tenía recursos para el viaje. Decidimos con Carla no ir al viaje y que nuestros amigos fueran con ellos. Les ayudé a comprar los boletos de ellos y que pudieran comprar también toallas y ropa de baño. Mi pena era cómo iba a decirle al pastor que no viajaría porque no tenía los recursos suficientes.

Según nosotros, teníamos la excusa perfecta para no ir. Nuestra hija mayor, que en ese tiempo tenía dos años de edad, tenía su primer recital en la escuela. Entonces fui con esta excusa que pensé que era mi mejor estrategia para disculparme. Cuando se lo dije, se me quedó mirando y me dijo: "¿Te vas a perder un viaje que podría definir tu futuro ministerial por un recital que tu hija nunca se va a acordar que no estuviste? Vendrán otros recitales, pero este viaje no sabemos si volverá a repetirse". ¡Quedé completamente desarmado!

Cuando busques un mentor, que sea alguien que te hable directo y con claridad, que no le esté dando vueltas al asunto. Si hay algo que aprecio de mi pastor es su claridad con la que siempre me habla. ¡Tal cual lo hizo ese día, lo ha hecho por los quince años que camino a su lado! En realidad, se dio cuenta enseguida de que era otra la razón, y muy apenado le conté la verdad. Con mucho amor me dijo: "Yo sé lo que es estar en tu lugar, sé lo que es comenzar. Tranquilo, yo te compro los boletos para Carlita y para ti, y vamos a disfrutar este viaje juntos". Un mentor te ama con sus acciones, no solo son las palabras sabias que pueda tener, sino con acciones cargadas

> *Un mentor te ama con sus acciones, no solo son las palabras sabias que pueda tener, sino con acciones cargadas de amor.*

de amor. En la posición de líder uno siempre está acostumbrado a dar, pero que de repente alguien te dé y aquello venga de alguien mayor a ti, ¡eso es una gran lección de amor!

Veníamos de nueve meses de arrancar la iglesia con mucho trabajo, presión e incluso oposición. Yo había estado algo desanimado al ver comportamientos y escuchar algunos comentarios de la gente, pero de repente me encontré sentado en las gradas de la plataforma de nuestro nuevo auditorio que estaba en construcción, que en aquel tiempo era una bodega abandonada por unos doce años. Y ahí, sentado también en las gradas, estaba a quien hoy llamo mi pastor, mi mentor. Ese día afirmó nuestros pasos y vio una visión de lo que Dios haría con nosotros. ¡Y cada palabra ha tenido su cumplimiento!

Esa misma tarde volamos para nuestras islas encantadas, una de las siete maravillas submarinas del mundo... solo con un detalle, no teníamos hotel donde dormir. Un amigo me dijo que allí mismo podíamos conseguir uno. ¡Esta otra parte de la historia es muy interesante!

Tenía que conseguir hotel, no debía ser de baja categoría porque teníamos grandes invitados, pero tampoco cinco estrellas, porque lo mínimo que tenía que hacer yo era pagar el hospedaje de ellos. Pero al final, como no tenía ni para un hotel de una estrella, ¡algo debía suceder!

Íbamos caminando en la isla por una de las calles principales en busca de hotel, en medio de una plática amena y relajada. ¡Y más me valía que la plática fuera relajada, porque yo por dentro estaba erizado por lo que me pedían por noche en cada hotel que entraba!

Cuando entraba a un hotel, si lo veía muy caro, salía y le decía al pastor: "Este no me convenció, vamos a ver otro". Así lo tuve, hasta que en el sexto hotel que entramos me dijo: "¿No te estarás estresando por conseguir algo caro? No necesitamos aquí algo *Fancy*; donde tengamos una cama para descansar es suficiente. El próximo hotel donde entremos, ahí nos quedamos". Entonces, yo con mi sonrisa de que todo estaba bien —pero con mis nervios al tope—, entré al próximo hotel.

Cuando me dijeron el alto precio por noche, yo le quise sacar los demonios de avaricia a la recepcionista, porque de ahí ya no nos podíamos ir. Algo tenía que hacer para que nos costara menos. Mi amigo le dijo a la de la recepción: "Le pago la mitad de lo que me pide", y ella sin cuestionarlo, aceptó. Entonces, pensé: *¡De verdad le saqué los demonios!* Pero eso no fue todo, ella había logrado ver al pastor afuera del hotel. Cuando lo reconoció, llamó por teléfono a su papá, el dueño del hotel, quien estaba aún en Quito porque había ido a la cruzada de milagros. El papá le dijo: "Hija, haz que ellos se queden en nuestro hotel". Y al llegar la noche, apareció el padre de la muchacha y nos recibió muy emocionado.

Hasta ahí se había resuelto el tema del hospedaje, pero faltaba el presupuesto de comida, y las excursiones en las Islas Galápagos no son baratas, ¡son costosas! Esa noche el dueño del hotel nos brindó langosta en la cena y nos dijo: "Es un honor que estén aquí con nosotros. Por favor, permítannos servirles. El hospedaje y la alimentación se los daremos sin costo, y por las excursiones no se preocupen, les pondré mi barco privado para que los trasladen donde ustedes deseen ir". Esos días fueron de mucha enseñanza, unidad y convivencia. Cada hora que pasaba era como un curso intensivo en la Palabra de Dios, ¡y el corazón de Carla y el mío se iba enamorando más de esta pareja extraordinaria!

A la hora de regresar, cuando hago el chequeo en la aerolínea, nos dieron la última fila del avión, y yo todo apenado se lo hice saber al pastor. Nos tocaba ir al pie del baño. Él, superrelajado, me dijo: "No tengas problema, en todo caso, viajemos en esos últimos asientos". Seguimos en nuestra conversación mientras la gente abordaba, y de repente escucho en los altoparlantes: "Este vuelo es libre asignación de asientos, repito, de libre asignación de asientos". Y entonces, al ser casi los últimos en embarcar, lo más seguro era que no hubiera asientos juntos, probablemente nos tocaría ir a todos separados. Yo con mi sonrisa algo nerviosa, le dije: "¡Ay, pastor, qué pena!".

Cuando subimos, escuchamos que lo que había pasado era que habían mandado un avión más grande que el que envían por lo regular, por lo tanto, tenía asientos de primera clase. Cuando subíamos, todos esos asientos estaban libres y mi amigo preguntó al capitán: "¿Es libre asignación de asientos?"; el capitán, le respondió: "Sí, claro"; a lo que mi amigo replicó: "Es decir, ¿podemos tomar estos asientos aquí adelante?"; y el capitán le dijo: "Claro, estos lugares los estaban esperando, son para ustedes". No terminó de hablar y ya nosotros habíamos corrido a tomar esos asientos, incluso el pastor (je, je, je). ¡Corrimos como cuando los niños quieren agarrar caramelos que caen de la piñata! El pastor, algo preocupado, me dijo: "Porfa, Carlitos, averigua que esto sea cierto, ¡no sea que nos vayan a sacar de acá! Volví a preguntar; y regresamos cómodamente sentados comiendo en vajilla de porcelana. El pastor me dijo: "Nunca había estado en un viaje con tanta gracia". Y fue ahí, en el aire, sentados en ese avión, que me extendió el privilegio de caminar a su lado y ser mentoreado por él.

La gente al escuchar esta historia, me ha dicho: "Qué gracia tan especial tienes para que te haya sucedido esto, y de la manera como lo vivieron". Pero lo mejor que me pudo suceder no fue un viaje con los gastos pagados de la forma como se dio, o viajar en primera clase, sino el poder encontrar en este pastor a un mentor para mi vida. Él ha sido un padre, un pastor, un mentor, y también un amigo. Me ha abierto muchas puertas y ha bendecido enormemente a la iglesia, a mi casa y mi propia vida. Me ha enseñado a ser un buen pastor, administrador, esposo y amigo. Su vida, su esposa, sus hijos, su equipo y su iglesia han marcado nuestra historia para siempre, para volverla una historia sobresaliente y llena de testimonios de fe. Gracias pastor Cash y pastora Sonia. Un día creyeron en este joven, me adoptaron como a un hijo en la fe, ¡y hoy es un honor llevar en mis frutos su apellido!

La mejor forma de ser agradecido con la mentoría que recibiste es convertirte en el mentor de alguien más. Lo que recibiste de gracia, entrégalo también de gracia. La forma de pagar la generosidad de tu mentor es compartir lo que has aprendido con alguien a quien ahora tú se lo puedas enseñar. Guía a otros de la manera como tu mentor lo hizo contigo. La mentoría es, entonces, como un río que fluye, donde se recibe, pero también se entrega. El privilegio de tener un mentor no puede ser un estanque donde solo llega el beneficio y ahí se queda, hay que hacerlo fluir.

Y en medio del afecto fraternal, del amor de los amigos, de la guía de un mentor, hay un elemento que sella estas características de un Superhumano: el amor.

CAPÍTULO 8

¡El verdadero amor!

¡Al afecto fraternal se le debe añadir el amor!

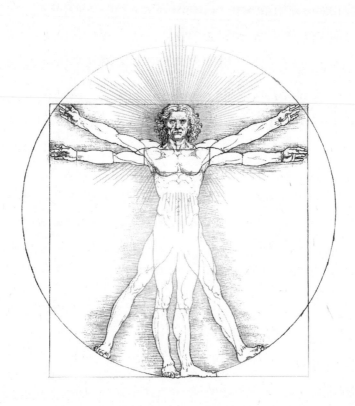

El motor de nuestro afecto fraternal siempre será el amor. En la medida que hemos avanzado en este libro hemos ido descubriendo estos principios divinos, y al permanecer en ellos, el hombre se vuelve un Superhumano. El amor llega aquí como la cereza del pastel. Recuerda que todo empieza por la fe, que te llevará a hacer una obra virtuosa y donde necesitarás el conocimiento para que esa obra trascienda, y deberás añadir dominio propio para que te sostengas; y al dominio propio habrá que añadirle paciencia; y a la paciencia misericordia, la cual es sostenida por el afecto fraternal. ¡Y aquí es fundamental añadir el amor verdadero!

Pero, así como el amor es el último, ¡también es el primero! Si primero existe amor, podremos tener afecto fraternal, y amando a los demás podremos desarrollar misericordia. Al tener misericordia tendremos más paciencia, que nos ayudará a tener un mayor dominio propio, lo que a su vez permitirá que añadiendo conocimiento realicemos obras de excelencia que estén alimentadas por nuestra fe.

No importa en qué orden lo mires, ¡todo empieza y termina con el amor!

La vida misma, desde su concepción, empieza en un acto de amor, al menos así nos diseñó nuestro creador. Todos los seres humanos somos llenos en nuestro interior en la medida que tenemos la convicción de que alguien más nos ama, desde el primer aliento de un bebé, que solo entiende el lenguaje de amor en la calidez del pecho de su madre, hasta el último respiro de una anciana, quien sueña dar su último aliento rodeada de sus seres amados. Es así como todos necesitamos vivir en cada etapa de nuestra vida con la seguridad de que somos amados.

> "Hay una fuerza extremadamente poderosa para la que, hasta ahora, la ciencia no ha encontrado una explicación formal. Es una fuerza que incluye y gobierna a todas las otras y que incluso está detrás de cualquier fenómeno que opera en el universo. Esta fuerza universal es el amor". —Anónimo

Hay cuatro fuerzas importantes que mueven nuestro mundo: la comunicación, la ciencia, la fe y la filantropía. Todas estas son bien cuidadas, con sus leyes que las protegen, compartidas y respetadas por las naciones, incluso se llevan los mejores reconocimientos que en el mundo se puedan dar. ¡Pero la Biblia me enseña que por encima de ellas, está el amor!

¡MÁS IMPORTANTE QUE LA COMUNICACIÓN, ES EL AMOR!

Si yo hablase lenguas humanas o angélicas, y no tengo amor, vengo a ser como un metal que resuena. (1 Corintios 13:1)

La comunicación está diseñada para crear un vínculo entre dos personas, por medio del cual se lleva un mensaje. Y podemos saber mucho de comunicación, hacerlo a través de diferentes idiomas, ser muy elocuentes, tener un gran vocabulario y grandes ideas que expresar. Pero la comunicación debe generar un cambio positivo de vida en quienes la practican. ¿Has escuchado la frase, "lo dice de labios para afuera"? Y es que cuando nos expresamos sin un amor genuino, se nota. De nada sirve decir "te amo" con palabras y no tener acciones que respalden lo que decimos. O, contrario a esto, con las acciones perjudicar a la persona. Sería entonces allí cuando, aunque nuestro hablar parezca angelical, lo que comunico sonará como cuando golpeamos dos tapas de ollas, es decir solo causará ruido. ¡Y de

De nada sirve decir "te amo" con palabras y no tener acciones que respalden lo que decimos.

esto hay mucho en el mundo! Hay quienes hablan muy bien, se expresan de una manera fenomenal, pero lo que comunican no trasciende, solo queda en palabras.

Cuando nuestra comunicación tiene ese impacto positivo en la vida de las personas, dejan de ser solo palabras para volverse medicina al alma y vitamina para el corazón. Como seres humanos tenemos esta necesidad de conversaciones llenas de amor, que vayan más allá de un buen discurso o una buena disertación.

La comunicación y el amor son la base sobre la cual se construyen relaciones firmes y estables. Donde hay amor, habrá la oportunidad para una buena comunicación. Cuando existe amor, las personas están más dispuestas a escuchar y entender a los demás. El amor crea un espacio seguro donde nos podemos expresar sin temor a los prejuicios o al reproche. Una comunicación llena de amor da espacio para la confianza y la honestidad. No habrá, entonces, temas tan delicados que no puedas tratar con tu equipo, tu familia o tus amigos.

Comunicando con amor tienes la oportunidad de ampliar tu capacidad de empatía, lo cual habla de misericordia hacia esa persona a quien tienes que darle ese mensaje que podría ser duro de comunicar.

En una relación amorosa, la comunicación se convierte en esa herramienta poderosa para resolver conflictos. El amor nos lleva a buscar soluciones que beneficien a ambas partes, en lugar de buscar un beneficio propio y ganar una discusión.

El amor es el ingrediente esencial para toda buena comunicación. En un ambiente donde el amor prevalece nos sentimos seguros, valorados, escuchados, lo que nos permite conversar de una manera abierta y efectiva. Te animo a que tengas esa conversación incómoda que muchas veces tratamos de evadir; busca la manera de comunicar ese mensaje con amor para que sea efectivo y fortalezca así tus relaciones.

MÁS IMPORTANTE QUE LA CIENCIA Y LA FE, ES EL AMOR (SIN AMOR, NADA SOY)

Y si tuviese profecía, entendiese todos los misterios y toda ciencia, y si tuviese toda la fe, de tal manera que trasladase a los montes, y no tengo amor, nada soy. (1 Corintios 13:2)

Todos vamos en busca de mayor entendimiento y ciencia, queremos crecer en lo que hacemos, queremos encontrar respuestas a lo que no sabemos, queremos crecer en conocimiento. Es por eso que estudiamos y nos capacitamos continuamente. Se dice que quien no avanza en sus estudios, en realidad retrocede, ya que la ciencia y los conocimientos cada vez son más avanzados. Alcanzar metas académicas y profesionales es muy bueno, pero debe haber en nuestra vida un balance con lo relacional. Crearse una carrera, una empresa exitosa o una vida profesional no puede excluir el hecho de que necesitamos compartir la vida con personas a quienes amar. La persona más sabia y con más riqueza que ha existido dijo:

Yo me volví otra vez, y vi vanidad debajo del sol. Está un hombre solo y sin sucesor, que no tiene hijo ni hermano; pero nunca cesa de trabajar, ni sus ojos se sacian de sus riquezas, ni se pregunta: ¿Para quién trabajo yo, y defraudo mi alma del bien? También esto es vanidad, y duro trabajo. (Eclesiastés 4:7-8)

El balance se encuentra en tener personas cercanas con quienes disfrutar de los frutos del arduo trabajo. Sin amor nuestros éxitos se vuelven fríos y vacíos, y es así como separamos nuestra alma del bien. A menudo vemos padres de familia trabajar hasta quedar extenuados para traer alimento a casa y dar estudios a sus hijos, pero el agotamiento es tan grande que se deja a un lado el disfrutar con aquellos a quienes aman. Los hijos reclaman a un padre ausente, quien pareciera amar más el trabajo que a la familia, cuando es en realidad por la familia que se dedica al trabajo. El peligro de esta situación es que sin darnos cuenta alejamos a nuestros seres queridos y podríamos terminar con mucho éxito profesional, pero muy solos.

> *Sin amor nuestros éxitos se vuelven fríos y vacíos, y es así como separamos nuestra alma del bien.*

Es el amor el que nos impulsa a utilizar nuestros dones, talentos y capacidades para el bien común, a obrar con compasión y a construir mejores días para los nuestros. Sin amor, todo conocimiento se queda corto, porque el verdadero valor de lo que sabemos se revela en cómo amamos y servimos a los demás.

MÁS IMPORTANTE QUE
LA FE, ES EL AMOR

Y ahora permanecen la fe, la esperanza y el amor, estos tres; pero el mayor de ellos es el amor.
(1 Corintios 13:13)

En las primeras líneas de este libro hablamos de le fe, ese tintero que nos sirve para escribir nuestra visión. La fe es la que nos permite imaginar, soñar, creer en un futuro. Pero también es el motor que nos lleva a la acción. La fe es el recurso invaluable que te permitirá alcanzar lo que te propones.

Pero la Biblia nos enseña que hay algo aún más grande que la fe, y esto es el amor. Podríamos tener una fe extraordinaria que sorprenda a todos, que provoque grandes milagros, pero sin amor, nada somos. ¡Más fuerte que la fuerza de la fe, será la fuerza del amor!

El amor siempre va a mirar a las personas a nuestro alrededor, entonces, te propongo que tu visión esté entrelazada con el destino de alguien más. Que tu fe, llena de amor, escriba una visión que te permita llegar y transformar la vida de otros.

Y si repartiese todos mis bienes para dar de comer a los pobres, y si entregase mi cuerpo para ser quemado, y no tengo amor, de nada me sirve. (1 Corintios 13:3)

Que tu fe sea tan grande para encontrar no solo tu beneficio, sino también el de los demás. La visión de Jesús, nuestro modelo a seguir, fue dar su vida en rescate por muchos. De ahí que la visión de nuestra iglesia termina con la frase: "Dar la vida por los amigos". De nada nos serviría la fe si no pudiera generar un futuro que nos lleve a entregarnos por amor a alguien más.

Si eres joven y estás pensando en casarte, no pienses en hacerlo para que alguien te haga feliz, piensa en ese futuro donde los dos van a ser felices porque se aman y se van a entregar mutuamente.

Una fe cargada de amor nos lleva a creer en las personas. Ser optimistas en construir un futuro viendo las limitaciones de las personas habla de un Superhumano. Los seres humanos nos fallamos muchas veces, nos herimos y nos lastimamos; pero el amor nos lleva a perdonar genuinamente solo cuando creemos (haciendo uso de la fe) que esa persona puede tener una nueva oportunidad de ser mejor. No sentenciemos a las personas por las faltas del pasado. Arriésgate a perdonar y volver a creer en los demás.

Como padres debemos generar un futuro para nuestros hijos por medio de nuestras palabras. Palabras que hablen de lo que deseamos que se forme en ellos, no necesariamente de lo que vemos en la actualidad. Cuando tuvimos a nuestra primera hija, con Carla decidimos siempre ponernos de acuerdo en cómo sería la crianza de ellos, y una de las primeras cosas que pusimos sobre la mesa fue la importancia de las palabras que usamos con ellos. Por más enojados o decepcionados que estemos, no usaríamos palabras que los destruyan, sino que llenos amor y paciencia, a manera de Superhumanos, les brindaríamos una oportunidad de creer que pueden ser mejores. Siendo sincero contigo, no siempre es fácil. Se requiere de dominio propio, no dar rienda suelta a nuestra frustración, pero sobre todo de un amor que puede perdonar. No les recrimines el mal que están haciendo a manera de dar una sentencia sobre su identidad, más bien diles cómo podrían mejorar.

No sentenciemos a las personas por las faltas del pasado. Arriésgate a perdonar y volver a creer en los demás.

EL AMOR ES ALGUIEN

Observa esta declaración:

> *El amor es sufrido, es benigno; el amor no tiene envidia, el amor no es jactancioso, no se envanece; no hace nada indebido, no busca lo suyo, no se irrita, no guarda rencor; no se goza de la injusticia, mas se goza de la verdad. Todo lo sufre, todo lo cree, todo lo espera, todo lo soporta. El amor nunca deja de ser.* (1 Corintios 13:4-8)

El amor es más fuerte que cualquier otra fuerza en este mundo, es más fuerte que el sufrimiento, es más poderoso que la envidia, que el orgullo propio, es mucho más fuerte que lo incorrecto, que la ira o el rencor. El amor tiene la capacidad de sufrir, al mismo tiempo de creer, como también de esperar e incluso soportar.

Hazte esta pregunta: ¿qué fuerza está gobernando tu vida? Podría ser que has dado lugar al rencor debido a las heridas que alguien más te causó. Y debido a cómo te traicionaron, caminas por la vía de la amargura. Como no creyeron en ti, tampoco crees en lo demás, o porque sientes que nadie te amó, tú tampoco te arriesgas a amar.

Acercarte al amor nunca se ha tratado de una fuerza. Que sea fuerte no lo hace una fuerza; que sea grande no lo hace inalcanzable; que sea inagotable no lo hace inexplicable. Hablar del amor siempre se ha tratado de una relación. Tus experiencias con el amor no fueron con algo, sino con alguien. Las manos de una madre, los brazos de un padre, los besos del esposo, las caricias de una esposa, el tiempo de un amigo, los engreimientos de un abuelo, la compañía de un hermano.

Pero hay un amor mayor, que es eterno, que nunca deja de ser, y que hoy está al alcance de tu mano. Este amor no tiene que ver con lo que hayamos hecho, si lo merecemos o no; no tiene que ver con una ciencia y menos con una religión. ¡Se trata de ti y tu Creador! El que te amó desde el vientre de tu madre, el que sopló aliento de vida sobre ti. Quien antes de fundar el universo ya tenía planes para tu vida. El que sin importar cuánto lo conoces, Él te conoce. El que sin importar si has sido fiel, Él siempre lo ha sido. Aquel que aunque no lo hayas amado, Él ya te amó primero.

Al final lo que le da sentido a un superhéroe no es tanto conocer sus poderes, ¡sino de dónde proviene! De la misma forma, tener la identidad de un Superhumano vendrá al conocer de dónde vienes y para qué estás aquí. Si te das una oportunidad hoy para el amor, el primer amor que debes probar es el de tu Padre celestial.

Sin el amor de Dios en tu vida, las relaciones tienen fecha de caducidad. Tal vez pensaste en las líneas anteriores que el amor no era para ti, y es que no podemos dar de lo que no tenemos. Abre hoy tu corazón al amor que Dios tiene para ti, Él te quiere perdonar, te quiere dar sentido e identidad. Él es quien te ha equipado con estos ocho principios que te convertirán en un Superhumano, porque al final, todo viene de su mano.

Vosotros también, poniendo toda diligencia por esto mismo, añadid a vuestra fe virtud; a la virtud, conocimiento; al conocimiento, dominio propio; al dominio propio, paciencia; a la paciencia, piedad; a la piedad, afecto fraternal; y al afecto fraternal, amor.

2 Pedro 1:5-7

¡Encuéntrame aquí!:

https://carlosvillacres.org/

¡Estemos conectados a través
de mis redes sociales!

pastorcarlosvillacres

pastorcarlosvillacres

CarlosVillacres